不吼不叫
养育好孩子

蒋平 编著

中国出版集团
中译出版社

图书在版编目（CIP）数据

不吼不叫养育好孩子：智听版／蒋平编著．—北京：中译出版社，2020.1

ISBN 978 – 7 – 5001 – 6149 – 3

Ⅰ．①不… Ⅱ．①蒋… Ⅲ．①家庭教育 Ⅳ．①G78

中国版本图书馆 CIP 数据核字（2020）第 002327 号

不吼不叫养育好孩子：智听版

出版发行／中译出版社

地　　址／北京市西城区车公庄大街甲 4 号物华大厦 6 层

电　　话／（010）68359376　68359303　68359101　68357937

邮　　编／100044

传　　真／（010）68358718

电子邮箱／book@ ctph. com. cn

策划编辑／马　强　田　灿	**规　格／**880 毫米 × 1230 毫米　1/32
责任编辑／范　伟　吕百灵	**印　张／**6
封面设计／泽天文化	**字　数／**135 千字
印　　刷／山东汇文印务有限公司	**版　次／**2020 年 7 月第 1 版
经　　销／新华书店	**印　次／**2020 年 7 月第 1 次

ISBN 978 – 7 – 5001 – 6149 – 3　　　定价：32. 00 元

前　言

　　望子成龙、望女成凤，是家长们的普遍愿望。但是，由于他们教育"失重""失度"，常常在有意或无意中对孩子大吼大叫、严厉批评，结果导致孩子愈发叛逆，难以管教。

　　国外行为学专家研究发现：一见孩子犯错误就大发雷霆，大声训斥，甚至打骂，这样重复下去，孩子对训斥的适应能力就会逐渐提高，天长日久，孩子就会对一般的训斥持无所谓的态度，甚至会故意做出一些激怒父母的行为。

　　大吼大叫不是教育孩子的好方法。要遏制这一现象，必须充分认识到经常对孩子大吼大叫的危害。

　　第一，会造成严重的亲子隔阂。孩子遭到严厉训斥的时候，容易产生怨恨、逆反、畏惧等心理。其结果往往是孩子与家长之间的亲情日益淡漠，隔阂越来越深，个别孩子甚至会产生报复心理。

　　第二，会造成悲观厌世情绪。每个孩子都有自尊，希望得到别人包括家长的尊重，而别人的尊重、信任，会使孩子产生自信，这是他们前进的重要动力。经常遭到吼叫训斥的孩子，自尊心受到损害，产生自卑，极容易走上自暴自弃、破罐破摔之路。

家长本是孩子最亲近的人，经常被家长吼叫训斥，孩子会没有安全感，觉得活着没有意思，于是悲观厌世。现实中，由于遭受家长吼叫训斥，出走者有之，自杀者有之，造成的家庭痛苦是难以言状的。

第三，促使孩子陷入孤独的深渊。经常被吼叫训斥的孩子，会感到孤独无援。尤其是家长当众对孩子大吼大叫，会使孩子的自尊心受到伤害，往往会怀疑自己的能力，会自感"低人一等"，显得比较压抑、沉默。因此，这种孩子往往不愿意与家长和老师交流，不愿意和小朋友一起玩，性格上显得孤僻。

第四，造成孩子人格畸形。从心理学角度讲，家长粗暴高压，会导致本来性格倔强的孩子产生抵抗意识、对立情绪，进而变得性情暴躁，行为粗野，甚至形成攻击型人格，对别人施暴，难以建立良好的人际关系；而性格怯懦的孩子，会产生严重的畏惧心理，表现出软弱的顺从意识，进而形成猥琐、胆小怕事的性格；等等，这样的后果，将影响孩子的整个人生。

总之，大吼大叫不是教育孩子的好方法，会伤害孩子的身心。聪明的家长应该是懂得拒绝大吼大叫，给孩子提供一个温馨舒适的成长环境。

本书倡导温和的教育理念，用生动、翔实的事例为支撑点，为家长们提供了不吼不叫养育孩子的具体方法，针对性强，具有很强的思想性和实用性。衷心希望这本书，能帮助家长更好地培养孩子，让他们带着父母的爱与希望，乘风破浪，顺利地到达成功的彼岸！

目 录

第一章
聪明的父母，不对孩子大吼大叫

英国著名的哲学家和教育思想家约翰·洛克早在300年前就提出：要尊重孩子，要精心爱护和培养孩子的荣誉感和自尊心，反对吼叫训斥孩子。他断言："吼叫式的管教，所养成的只会是'奴隶式'的孩子。"

与孩子说话，先管好自己的嘴

学会与孩子说话，才能减少与孩子交流沟通的障碍，才能真正理解孩子的内心世界，才能在很多问题上与孩子达成共识；否则，家长与孩子之间必将产生深深的代沟。

学会与孩子说话，是实现与孩子无障碍沟通的第一步。孩子不听我们的话，往往是因为我们良好愿望的表达方式只能引起孩子反感；常常我们自以为是的教诲，却把孩子逼入绝境或使孩子养成恶习。

一位樵夫救了一只受伤的小熊。不久，樵夫迷路正好借宿在熊窝，小熊用极其丰盛的晚餐款待了他。第二天早晨，樵夫对小熊说："谢谢你丰盛的招待，但我唯一不喜欢的是你身上那股臭味。"小熊听了之后，沉默了一会儿，然后答道："那么为了补偿你，你随便用什么东西割我一下吧！"樵夫按要求做了。很多年后，樵夫再次遇到小熊，问起小熊身上的伤口好了没有。小熊说："伤口愈合后，我就忘了。不过你那次说的话，我一辈子也忘不了。"

这个寓言告诉我们，语言也可以是一种锋利的武器。可敬的父母们都知道，日常的交谈往往是教育孩子的良机。然而你是否注意到，面对孩子脆弱的心灵，不恰当的一句话所留下的伤害和烙印，是经过多少时间都无法磨灭的。

古代有一位皇帝，一天晚上做了一个梦，梦见自己满嘴的牙都掉了。于是，他就找了两位解梦的人。皇帝问他们："为什么我会梦见自己满口的牙全掉了呢？"第一个解梦的人说："皇上，梦的意思是，在你所有的亲属都死去以后，你才能死，一个都不剩。"皇上一听，龙颜大怒，杖打了他一百大棍。第二个解梦人说："至高无上的皇上，梦的意思是，您将是您所有亲属当中最长寿的一位呀！"皇上听了很高兴，便让人拿出了一百枚金币，赏给了第二位解梦的人。

同样的事情，同样的内容，为什么一个会挨打，另一个却受到嘉奖呢？因为挨打的人不会说话，受奖的人会说话。对孩子表达同样的意思，你选择什么样的表达方式和什么样的词语都将对孩子有很大影响。在与孩子交流的过程中，无论你是提出要求、给出答案，还是与他们谈谈条件、达成妥协，你所使用的方式和语句可能让孩子更加乐于合作、更加自信，但也可能令他们感到挫败和失去信心。"说话是很有学问的一件事，有的人说出来的话是信任的话，会让对方备受鼓舞，而有的人说出来的话却让对方的心里发堵。"

与孩子说话更需要语言的艺术。但有些父母却不这样认为，他们以为孩子小，同他们说话不必顾忌太多，什么话想说就说，也不管效果如何，反正自己是出气了。长此以往，会给孩子造成逆反心理，不管父母说的话是对是错，他们一概排斥。

此外，孩子在交谈时也不是无知的，他们的信息里经常有需要解读的密码。

10岁的安迪问他的爸爸："在哈莱姆，有多少孩子被抛弃？"安迪的父亲是一个律师，他很高兴看到儿子对社会问题感兴趣，于是他就这个问题发表了一通长长的演说，然后又去查了数据。但是安迪还是不满意，继续问道："在纽约被抛弃的孩子有多少？美国呢？全世界呢？"

最后，安迪的爸爸终于明白了，他的儿子并不是关心社会问题，他关心的是个人问题。安迪问这些问题并不是出于对被遗弃孩子的同情，而是担心自己被遗弃。他并不是想得到被遗弃孩子的数字，而是想确认他不会被遗弃。

于是，爸爸仔细考虑了一下安迪的担心，然后回答道："你担心你的父母可能会像其他父母那样将你抛弃，我向你保证我们不会抛弃你，如果你再为此感到烦恼，告诉我，这样我才能帮你消除担心。"

在与孩子进行对话时，父母还应注意，对孩子多说富有感情色彩的评价性语言这在孩子的生活中往往会成为其判断对错的原始依据。虽然孩子在成长中还会被外在的环境所修改，但这种修改决不会触及孩子儿时的核心观点。所以，从某种程度上说，父母说话的态度、内容和品质，将成为孩子一生的自我意识和思维定式——是乐观、自信、富有理想和气概，还是消极、自卑或得过且过、自暴自弃。

总之，知道怎样与孩子说话的父母，才是称职的父母。

对待孩子，要威而不严

在我们的生活中，还有很多家长误认为教育孩子必须严厉，好像家长的态度不严厉、措辞不强硬，孩子就不会听话一样。久而久之，家长就形成这样的口头禅"你今天必须""你要""你应该""你不许"等。这种做法，不仅束缚了孩子的"拳脚"，让孩子不能真正发挥自己的才能，还会把孩子培养成一只"软柿子"。

心理学实践证明，存在心理问题的孩子，大多是因为父母采取了"单向教育"的方式。他们在教育孩子的时候，拥有着绝对的权威，遵从严厉的原则，认为如果态度太过温和则达不到教育的目的。家长的出发点是好的，却恶化了亲子关系，还让孩子丧失了安全感和归属感，从而影响孩子的身心健康和个性的健全发展。

很多事例表明，从严、粗暴的教育方法，不但达不到父母教育的目的，而且会使孩子形成孤僻、胆怯、仇视、攻击等心理问题，而这，往往会成为孩子日后不良行为甚至走上犯罪道路的根源。

1. 严厉会让孩子变得懦弱

自从小玉懂事起，她不敢到集体场所玩耍，也不愿与其他小朋友交往。家中父母的好友来访，她也躲开不肯相见，常常独自与玩具做伴。

到了上幼儿园的年龄，小玉说什么也不肯去，在去的路上常常大哭大闹，到幼儿园后则一人躲在角落里，不参加集体游戏，生活也显得被动。

上小学后，小玉与老师、同学接触显得紧张、不自然，甚至感到很别扭。她不敢和陌生人说话，不敢和别人目光对视，更不能在他人的注视下学习，甚至不敢独自在公共厕所小便。

小玉的父母很着急，带着她去找心理医生，医生询问他们在家是如何教育孩子的，他们和盘托出，坦承从小就对小玉严格管教，他们遵奉"打是亲骂是爱，不打不骂是祸害""树不修不成料，儿不打不成才"的教子原则。医生听后频频摇头，指出小玉的病症正是出在父母严厉的家教上。

小玉的胆小怕事，是一种实实在在的社交恐惧症。究其根源，是父母对孩子宣泄不良情绪、粗暴干涉孩子心灵自由发展的后果。孩子心灵的健康成长需要五大自由：看、听、感受、幻想以及情绪的释放，但许多父母总喜欢用自己的判断去替代孩子的判断，不给孩子思考和决定的自由，也不允许孩子表达自然的情绪。被管得太多太严了，孩子的心理防御系统开始启动，他们觉得自己总是犯错、不如别人，慢慢变得自卑、怯于尝试，进而脱离社会生活，形成社交恐惧。

2. 严厉会导致孩子出现强迫症

这天，某青少年研究会心理咨询师接待了一位高中生的来访，她诉苦道，自己洗一次手就要花两个小时；拒绝吃被人摸过有"细菌"的东西；现在体重35公斤，可还嫌自己胖……咨询师说，这是典型的强迫症。"父亲对我的期望很高，他希望自己的女儿比任何人都强。"这位高中生说，从她小时候开始，父亲对她的学习、生活都要求得十分完美。有一次，她考了班里第一名，但父亲责怪她为什么和第二名没有拉开太大的距离。因为顶嘴，脾气暴躁的父亲动手打了她。在这样的环境中，逐渐地，她顺从了父亲的意思去努力学习，达到父亲期望的高度，同时，按照父亲的标准来要求自己。

有些父母对孩子的希望值很高，实施了严格的家教，在家庭环境的影响下，这些孩子也对自己有着较高的要求。问题是，孩子一旦经历了某些挫折，就容易出现无法接受事实的心态，从而逐渐出现了强迫思维等症状。专家建议：在生活中，父母应多给孩子一些鼓励，教育孩子要有战胜自我的信心，而不要因为孩子达不到父母的高要求总是打击他们。

3. 严厉会导致孩子产生厌世情绪

小柯的成绩经常名列班级前茅，各种竞赛也经常拿奖，可近半个月来，她举止异常，上课心不在焉，说话时更是语无伦次。有一天，她竟然对老师说："活着真没意思。"老师家访后发现，由于小柯父母家教太严，对孩子总是采取否定式的教育方式，小柯已经憋出病了。

小柯的家长"望子成龙"心切，期望值过高，要求过严，违背了孩子自身的发展规律。导致小柯对生活产生了失望，更对人生产生了厌恶，以至有了"死"的念头。由此来看，要使教育获得成功，就要全面了解孩子身心发展的实际水平，遵循孩子生理和心理的发展规律。

我们中国的老传统是喜欢老实的孩子。父母总希望孩子规规矩矩、百依百顺，孩子稍一调皮就不能容忍，往往是管得过死，限制过多，把孩子的创造性给扼杀了。其实调皮、好动是儿童的天性，也是创造力发展的幼芽，只要不出大格，就不要限制太多。什么都看大人的眼色行事，唯唯诺诺，将来注定是个没出息的孩子。

父母要真心热爱创造型孩子，就不要对孩子求全责备，不要用传统的观点把孩子训成"小老头"。

所以，家长不要对孩子过度严厉，应与孩子建立平等的谈话模式，从而树立起自己的威信，这才是管好孩子的绝佳方法。

不要当众对孩子吼叫训斥

父母当众教子是一种很常见的现象，有句民谚是"人前教子，背后教妻"很多人觉得当众教育孩子，会刺激他们的自尊心，在公众的关注下，孩子会更加注意树立自己"听话、懂事、乖巧"的形象，所以很多家长认为，人越多的时候越是教育孩子的良好时机。其实未必尽然，自尊心的强烈维护和彻底放弃之间只有一步差距，如果家长把握不好这个教育的尺度和方法，也许反而会促使孩子产生"破罐子破摔"或是与家长对立的心理，对孩子的身心健康成长很不利。

有位母亲在日记里记述了这样的一件事：

汽车停站后，一位年轻的妈妈带着五六岁大的女孩走上汽车，随着汽车开动，女孩站立在车上显得十分吃力。这时，旁边座位上一位八九岁大的男孩站了起来，主动招呼站立的女孩和自己同坐。"这孩子真懂事，父母平时肯定十分注意对他的教育。"男孩的做法让我十分赞许，我想男孩平时的家教肯定很好。

不想几分钟后，男孩的父亲走了过来，当得知男孩主动让座位，便大声训斥道："瞧你那熊样，真是的，既然不愿意坐，那就站着……"男子把男孩从座位上喊了起来。面对父亲的训斥，男孩解释说因为女孩比他年龄更小，所以他才让出一块地方一起坐。

这位父亲可能是出于爱护孩子，担心两个人挤在一起不舒服，所以才对男孩进行指责，但家长对孩子的爱护也应注意方式和方法，在大庭广众下进行训斥会损害孩子做善事的积极性。

英国哲学家洛克说："父母不宣扬子女的过错，则子女对自己的名誉就愈看重。他们觉得自己是有名誉的人，因而更会小心地维护别人对自己的好评。若是当众宣布他们的过失，使其无地自容，他们就愈是觉得自己的名誉已经受到了打击，设法维护别人好评的心理也就愈淡薄。"可见，当着别人的面批评教育子女的方法不足取。如果孩子一有过失，家长就公开宣扬出去，使孩子当众出丑，其结果只会加深孩子被训斥的印象，感到自己在众人面前丢了面子，因而产生自卑，产生逆反心理。

在玩具专柜、甜品店、游乐场里经常会看见号啕大哭的孩子，还有一旁叉腰怒目的家长，他们一边呵斥，还一边指着周围对孩子凶道："你看看，这么多人看着你哭，你好意思吗？""你看那边有一个和你一样大的小孩，人家都不哭不闹，多听妈妈的话，你看看你们差距有多大。"家长们往往觉得当着外人的面会是一个教育的好时机，借助小孩子的自尊心让他自我纠正错误举止，出发点倒是很理想，但是收效一定甚微。

父母要意识到对孩子无论表扬与批评都是一种情感互动，父母的教育方法太强势，往往导致孩子没出息；父母性情太粗暴，往往导致孩子性情也狂躁。父母表扬孩子可以当众进行，甚至可以隆重地进行，但是批评就需要谨慎，不妨用私下的、温和一些的方式。教育孩子最重要的是要尊重他的人格尊严，要保护他的心灵，做不到这一点，就没有真正的教育意义可言。

西方人很少当众斥责打骂孩子，但他们也很难忍受孩子当众哭闹等带来的尴尬，为避免这种难堪，他们在平时就有意培养孩子在公共场所的自我控制能力。其中，事先预防是关键，外出前先告诉孩子，这趟外出的目的是什么，让他们知道会发生什么事，也要先跟孩子说好规则，确定他们都明白，并问他们是否能遵守。到了外面，这些规则也许不一定奏效，但大人要耐心地提醒与纠正，直到小孩遵守。

即使孩子犯了什么错或是做了什么糟糕的事情，也不能当众使其难堪，如果非要教育一翻，也应该把孩子带回家，当众责骂、殴打，往往不能产生好的效果，有时后果甚至很严重。

14岁的倩倩，其父母长期在广州打工，他的日常生活由六旬的奶奶照顾。这天，奶奶让孙女到自家的菜园去摘菜，可过了半天仍不见孙女回来。奶奶沿路寻找，看见倩倩正与同学在菜园里玩耍，一气之下，便训斥倩倩太任性，"你怎么是这样的人呀，不听大人的话，赶快做作业去"。

被奶奶当众训斥，让倩倩感觉在同学面前很没面子，转身回家后，她从家中拿走两套换洗衣服，赌气离开了奶奶。

奶奶发现孙女不见后，赶紧请求亲友外出四处寻找。苦寻数日无果，心急如焚的奶奶拨打110报警了。过了3天，民警终于在一家网吧里找到了正在上网的倩倩。

有智慧的家长，不会对孩子当众严词斥责；有智慧的家长，时刻能够意识到教育孩子不能追求立竿见影的效果；有智慧的家长，能够和孩子成为知心朋友。

用正确的方式批评孩子

批评孩子就要认认真真地去批评，那些招致孩子讨厌或造成逆反的行为应该受到指责。反抗是孩子精神成熟的重要标志。孩子进入反抗期以后，一旦父母的批评不当，他们动不动就会顶撞父母，以至有些父母感到纳闷："为什么事事都要对着干呢？"当父母提醒他时，他反而振振有词："妈妈，您不也在做着同样的事情吗？为什么只说我？"反倒指责起自己的父母来了。

在父母看来，一直对自己言听计从、老老实实的孩子，忽然间变得判若两人，事事都要与自己对着干，有时不免就会大动肝火。以前只要批评几句，孩子就会默默接受。可现在不同了，你越是极力想控制他，他越是反抗。

其实，孩子的反抗与逆反心理主要是因为父母的批评方式不当造成的，如何批评才能达到既使孩子改正缺点又不伤害孩子的自尊心呢？

要做到既能维护孩子的自尊，又能让孩子纠正自己的不足，父母可以从以下几个方面入手。

1.应该保持冷静的态度，向他讲道理，以理服人，而且自己的立场也要始终如一

既批评固然是好事，可是莫名其妙地批评训斥孩子却只能起到相反的作用。为了避免发生正面冲突，可利用第三者和写信、写日记及介绍大人自己经验之谈，用语言使之缓和下来，说"你的心情我理解"，表示理解对方的感情。

另外，同样的事情今天批评他了，到了明天却不去管教，这样的做法也不值得提倡。父母应该立场坚定、一如既往地教导孩子什么是"是"、什么是"非"，不应该有丝毫放松。

2. 要批评，也要肯定

当孩子做错了事，经父母的批评纠正，他们改正了错误，父母要给予足够的肯定，使他们对自己的正确行为有信心。让孩子在愉悦中学会好的行为，比在责备中学习要容易得多。因为每个人对别人的斥责和约束都有内在的排斥性。过多的责备与管束会使孩子产生反感，会削弱效果，不如正面鼓励效果好。

3. 启发孩子，让孩子明白自己的过失

孩子犯了错误，如果父母能心平气和地启发孩子，不直接批评他的过失，孩子会很快明白父母的用意，愿意接受父母的批评和教育，而且这样做也保护了孩子的自尊心。

4. 沉默

孩子一旦做错了事情，就会担心父母责骂，如果正应了孩子心中所想的。他会有一种"如释重负"的感觉。对批评和过错反而不以为然了。相反，如果父母以沉默的态度对待，孩子会感到紧张、"不自在"，进而能反省自己的错误。

5. 换个立场

当孩子惹了麻烦，怕被父母责骂的时候，往往会把责任推到他人身上，以此来逃避责骂。此时最有效的方法是在孩子强辩"都是别人的错，跟我一点儿关系也没有"时，回他一句："如果

你是那个人，你要怎么解释？"孩子会思考，如果自己是对方时该说些什么。这样一来，大部分孩子都会发现自己也有责任，而且会反省自己把所有责任推到对方身上的错误。

6. 低声

心理学试验表明，父母批评孩子时，声音低于平时说话，更会引起孩子的注意，也更容易让孩子接受。父母对孩子的错误要尽量小声批评说服。大声斥责的"热处理"效果往往不如这种"冷处理"。心理学家还建议父母要成为一个"寓言家"，学会对孩子进行暗示教育。父母可以经常用寓言式的话语对孩子进行启发性教育，这种"借彼喻此"的方式会使孩子觉得有趣，孩子也会更乐意接受。比如说，古代"孔融让梨"的古训，就可用来教育个性比较强、谁也不让谁的独生子女。

7. 适时适度

孩子犯了错误，父母不要姑息迁就或"秋后算账"，而要适时指出。有的父母喜欢"大事化了"地包庇纵容孩子，对孩子的不良行为，平时从不批评教育，这种"大事化小，小事化了"的做法会导致孩子走上犯罪道路；有的父母则喜欢"小事化大"，孩子稍微越了雷池一步，犯了一丁点儿错误，父母就没完没了地训斥，甚至上纲上线，让孩子无所适从。所以父母批评孩子时一定要就事论事，不要扯上孩子以前犯的错误。因此，父母责备孩子要趁热打铁、立刻纠正，不能拖拉，超时间就起不到应有的教育作用了。

8. 用赞美代替批评

孩子由于受心理发展水平的限制，学习、判断是非、记忆等能力较差，在犯了错误之后，虽经父母指出和教育，还有可能重犯。这种现象并不表明孩子不知道自己行为的错误，而是由于他的自制力不强，或已经形成了习惯和这种行为的结果多数能给孩子带来好处或满足等原因，因此一犯再犯。这时候，父母可以用赞美他的自制力方面的话鼓励孩子，孩子为了得到更多的赞美，往往会朝着好的方向发展，使父母的教育取得事半功倍的效果！

值得父母们注意的是，不管用哪一种批评方式，父母首先要创造一种尊重对方、接纳对方同时对方也能接纳自己的气氛。不是用指责、命令的口气，而是用建议或商量的口气说，如果对方顶嘴，就耐心听完对方的所有辩解。

此外，还应该在批评之前先减轻孩子的精神压力，孩子心里自然就有了听取责备的准备，然后对孩子说："无论如何你让我说两句话。"大人一开始就创造出让孩子听的气氛，这样即使稍有些刺激的劝告，孩子也能听得进去。

当然，最有效的办法还是让孩子自己消除心中的不满。处于迅速成长时期的孩子会对父母怀有不平与不满。成长起来的孩子自我产生的要求，与父母所要求的规范不断地产生不相容之处，孩子则经过这种冲突，成长为更加成熟的大人。因此，无视和压制孩子的不平和不满，或者反过来采取随便应付的办法，孩子也不能如所期望的那样成长。

总之，父母们务必记住的是：对待孩子，往往是表扬越多优点越多；训斥越多毛病越多。因此，父母一定要讲求批评的艺术，不可过度批评孩子，让孩子与自己的期望相去甚远。

与孩子说话，态度要温和

要达到良好的亲子沟通，父母温和的态度很关键。

一位教育家说："说到才智，评价等于成就。"这就是说，父母和教师对待孩子的态度对孩子能力的形成有着巨大的影响。

很多父母认为，他们对孩子的态度是孩子行为的结果，而不是孩子智力和能力较差的原因，甚至认为他们对孩子的评价很公正。是父母的态度在先？还是孩子的实践水平在先？这两者的关系远比人们认识的复杂得多。

实际上，父母的态度和孩子的实践水平是互为因果的。父母或父母的态度对孩子的智力和能力有着巨大的影响。即使孩子的确差一些，父母以较好的温和的态度对待孩子，更多给孩子以积极的评价，就会帮助孩子建立起信心，使他们更努力地去实践。

美国记者安尼·罗克就明确指出，教好孩子的关键是父母的态度，而不是孩子的聪敏。父母的态度正确与否，对能否教育好孩子起着关键性作用。香港大学一位心理学博士针对家长坚持的"孩子教不好是孩子有问题"的观点进行实验，结果发现，"问题孩子"有问题的罪魁祸首是父母在对待孩子的态度上出现了问题。

父母对孩子的态度非常重要，在父母的影响下孩子建立起自己对生活的看法，父母对孩子的态度不仅影响孩子智力和能力的发展，还影响孩子的行为和道德发展。总之，父母给孩子的成长提供大量的实践材料，孩子的各种行为都受父母态度的影响和强化。

乔治·华盛顿是美国第一位总统，他从懂事起，就很崇拜英雄人物。当他看到哥哥穿着军装上前线打仗，羡慕极了。一天吃过晚饭，他忽然想到了一个什么问题，急忙跑去问父亲："爸爸，我长大了也要像哥哥那样，当一个勇敢的军人，好吗？""好极了，亲爱的孩子！"父亲高兴地回答，"可是，你知道什么样的孩子才能成为勇敢的军人吗？"父亲反问道。"嗯——"华盛顿想了想，回答说："诚实的孩子才能成为一个勇敢的军人，是这样的吗？""就是的，只有诚实，大家才能团结，团结才能战胜敌人，成为勇敢的军人。"

父亲不光言传，还很注重身教。在父亲的农场里，有一棵小樱桃树，那是父亲为纪念华盛顿的出生而栽种的。华盛顿一天天长大，小樱桃树也一年年长高。华盛顿对做一名威武的军人十分心切，有一次，他打算做一把小木枪，把自己武装起来。他本想让父亲帮帮忙，可看到父亲整天忙于自己的工作，没有时间，于是决定自己动手。华盛顿拿起锯子、斧子，找了一棵容易砍倒的小树，把它锯倒了。哪知道这棵树，正是父亲最心爱的那棵樱桃树。这下可闯了大祸。

父亲回来后，知道了这件事，大发脾气，质问是谁干的。华盛顿躲在屋子里，非常害怕。他想了想，还是勇敢地走出来，走到父亲面前，带着惭愧的神色说："爸爸，是我干的。""小家伙，你把我喜爱的樱桃树砍倒了，你不知道我会揍你吗？"

华盛顿见父亲怒气未消，回答说："爸爸，您不是说，要想当一个军人，首先就得有诚实的品质吗？我刚才告诉您的是一个事实呀。我没有撒谎。"

听儿子这么一说，父亲很有感触。他意识到孩子身上的优良品质，要比自己心爱的樱桃树还要珍贵。他一把抱住华盛顿，说："爸爸原谅你，孩子。承认错误是英雄行为，要比一千棵樱桃树还有价值。"

正是华盛顿父亲的开明态度，影响和形成了华盛顿身上的优良品质，这些品质在他开创伟大的事业中起到了不可估量的作用，为他创造出了一个又一个奇迹，并最终使他赢得了美国人民乃至全世界人民的尊敬。

很多事例表明，父母对孩子的态度与孩子性格等因素的形成有着千丝万缕的联系。

如果父母对孩子忽冷忽热，捉摸不定，反复无常，孩子大多数表现为情绪不稳定，多疑多虑，缺乏判断力。

如果父母对孩子过分严厉，孩子的表现或逃避、或反抗、或胆怯、或残暴，有的甚至会形成当面一套、背后一套的坏习气。

如果父母对孩子过分照顾、保护，不放手让孩子自己活动、自己做事，孩子的性格多半是消极的，依赖性强，没有责任感，没有忍耐力，不适应集体生活，遇事优柔寡断。

如果父母对孩子过分溺爱，孩子就会表现为撒娇放肆，神经质，以自我为中心，缺乏责任心，没有耐性。

如果父母对孩子冷淡，置之不理，孩子长大后多数都愿意寻求他人的爱护，力图招惹别人对自己的注意，有的好攻击挖苦别人，有的表现为性格冷漠，与世无争。

如果父母对孩子采取爱而不娇，严格而又民主的态度，孩子性格大多数表现为亲切、直爽、活泼、端庄、独立、协作、有活动能力，善于和大家共事。

由此可见，父母应该注意自己日常生活中的不良情绪对孩子的影响，无论在什么时候，无论发生了什么事，永远记住，不要在孩子面前表现出消极的情绪，那样会使孩子处于一种不和谐的家庭环境中，从而在情绪上也跟着发生消极的变化。相反，父母应该用温和的态度对待孩子，因为温和的态度有利于孩子的健康成长。

也许对父母来说，在短时间内保持对孩子的温和态度并不难，难就难在坚持，难就难在日复一日对孩子保持温和，但只要真正为孩子的健康成长着想，相信每一位父母都能够做到。

面对孩子，请保持微笑

达·芬奇的"蒙娜丽莎"是被全世界公认的最伟大也最具魅力的艺术品之一，这幅画之所以会征服全世界，就因为蒙娜丽莎若隐若现而又弥漫充盈的神秘的笑意。可见，微笑有着超越时空的震撼人心的力量。

飞机起飞前，一位乘客请求空姐给他倒一杯水吃药。空姐很有礼貌地说："先生，为了您的安全，请稍等片刻，等飞机进入平稳飞行后，我会立刻把水给您送过来。好吗？"

15分钟后，飞机早已进入了平稳飞行状态。突然，乘客服务铃急促地响了起来，空姐猛然意识到：糟了，由于太忙，忘记给那位乘客倒水了！空姐连忙来到客舱，小心翼翼地把水送到那位乘客跟前，面带微笑地说："先生，实在是对不起，由于我的疏忽，延误了您吃药的时间，我感到非常抱歉。"这位乘客抬起左手，指着手表说道："怎么回事？有你这样服务的吗？你看看，都过了多久了？"空姐手里端着水，心里感到很委屈。但是，无论她怎么解释，这位挑剔的乘客都不肯原谅她的疏忽。

接下来的飞行途中，为了补偿自己的过失，空姐每次去客舱给乘客服务时，都会特意走到那位乘客面前，面带微笑地询问他是否需要水，或者别的什么帮助。然而，那位乘客余怒未消，摆出一副不合作的样子，并不理会空姐。

临到目的地前，那位乘客要求空姐把留言本给他送过去。很显然，他要投诉这名空姐。此时，空姐心里虽然很委屈，但是仍然不失职业道德，非常有礼貌而且面带微笑地说道："先生，请允许我再次向您表示真诚的歉意，无论你提出什么意见，我都将欣然接受您的批评！"那位乘客脸色一紧，嘴巴准备说什么，可是却没有开口。他接过留言本，在上面写了起来。

飞机安全降落。所有的乘客陆续离开后，空姐打开留言本，惊奇地发现，那位乘客在本子上写下的并不是投诉信，而是一封热情洋溢的表扬信。

是什么使得这位挑剔的乘客最终放弃了投诉呢？在信中，空姐读到这样一句话："在整个过程中，你表现出的真诚的歉意，特别是你的十二次微笑，深深打动了我，使我最终决定将投诉信写成表扬信！你的服务质量很高。下次如果有机会，我还将乘坐你们的这趟航班！"

正如故事所揭示的道理：微笑的魅力是无穷的，经常微笑的人不但内心阳光，同时也给别人传递乐观、快乐的元素。是的，一个善解人意的微笑恰如一缕和煦的阳光，能温暖他人的心田；一个恰到好处的微笑犹如一股徐徐的清风，能驱散他人内心的阴霾……一个经常面带微笑的孩子，无论走到哪里，都是受欢迎的。

在法国，曾到处流传着一首题为"微笑"的诗，其中有这样几句："微笑一下并不费力，但它却产生无穷的魅力。受惠者成为富有，施予者并不变穷。"它高度评价了微笑的价值，它是多么美好，多么神奇。

面露平和欢愉的微笑，证明你心情愉悦，热爱生活，你的微笑向大家展示了你积极、健康、乐观的魅力。面带自信的微笑，以不屈不挠、勇往直前的姿态与人交往，你会被他人欣然接受；面带真诚友善的微笑，用内心的善良和友好，让对方感受到你待人诚恳、平易近人。在平凡的工作岗位上保持你灿烂的微笑，创造一种和谐融洽的气氛，让你的服务在微笑的海洋里荡漾，会为自己创造一份轻松的心情，更为同事送上一份真挚的祝福。

德国的威尔科克斯曾说过："当生活像一首歌那样轻快流畅时，笑颜常开乃易事；而在一切事都不妙时仍能微笑的人，才活得有价值。"可以说，微笑是所有的人类特征中最富于魅力的，微笑着面对他人，微笑着面对世界，你将会收到意想不到的惊喜。

是啊，微笑待人不仅仅是一种好的行为状态，也是一种良好的心态，家长应该带着微笑与孩子对话。这样，孩子才更愿意敞开心扉与家长交流。

此外，家长微笑着与孩子对话，也会潜移默化地影响孩子。家长不妨趁机教育孩子同样微笑着面对他人。

1. 鼓励孩子对自己微笑

要培养一个以微笑待人的孩子，家长自己就要做一个时时微笑待人的人，这是培养孩子微笑待人最关键的一把钥匙。要鼓励孩子学会对自己微笑，具体可以按以下三点练习。

（1）照镜练习法

孩子放学后，家长有意让孩子对着镜子微笑。微笑的时候，嘴角应该向上翘，双颊的肌肉会稍稍上抬，露出六颗牙齿。让孩子观察一下自己的表情，看看自己的微笑是否自然。

（2）利用环境法

轻松愉悦的环境会让孩子满足，孩子的微笑就会发自内心，让孩子听一些有趣的故事，看一本喜欢的书，都是不错的选择。

（3）情绪过滤法

要发自内心的微笑，就一定要过滤掉那些不好的情绪，如果坏情绪占据上风，再开朗的人也笑不出来。

2. 告诉孩子对他人微笑

懂得激励自己，对自己微笑，更应该让孩子学会对他人微笑，并时常保持自己的笑容。教孩子对人微笑时要让孩子注意以下三个方面。

（1）微笑时要看着对方

对他人微笑时，应该是全身放松的，用真诚的微笑打动对方，而不是机械的微笑。如果对方不能从孩子的眼神中看到热情和诚意，也就失去了微笑的意义。

（2）微笑时要注意语言的运用

有时候，微笑着说出"您好""早上好""没关系""对不起""谢谢"等简单的语言，会比单纯的微笑更能感染人，赢得别人的好感。

（3）对任何人都微笑相待

教育孩子不仅要对家人、老师和同学微笑，还应该用微笑感染自己身边的人。

3. 引导孩子善于发现快乐

快乐的微笑是保持生命健康的唯一良药，它的价值何止千万。快乐其实无处不在，不论做什么事情，对待什么人，只要从好的方面去观察、去考虑事情的发展，那他一定能感受到快乐。一个善于发现快乐的人，总能保持乐观的心态，微笑一定会常常挂在脸上。

比如考试，有些孩子数学考了99分，他可能因为没有得到满分而懊恼，有了这种情绪，他一定快乐不起来，也笑不出来；可是，如果家长告诉他，这次考了99分，离满分只有一步之遥了，只要再努力一把，下次定能拿满分。这样的回答，孩子会很高兴，微笑自然就会浮现在孩子脸上了。

4. 教育孩子常和他人分享快乐

微笑会蔓延，快乐也一样。当一个人快乐的时候，他把快乐的事说给他人听，很快他人也会受到感染，会跟着快乐。假如一个人总是哭丧着脸，把消极的情绪传递给别人，别人也很难快乐起来。不快乐，脸上怎么能有笑容？所以，最有效的方式是让孩子学会和他人分享快乐，越是这样做，他越会发现，一张快乐的笑脸，总是受到很多人的欢迎。

当然，让孩子学会微笑，还应该让孩子懂得选择笑的时机、场合、话题。欢庆的场合、轻松的气氛、诚恳坦率的交谈中，应该笑，但在谈起朋友不幸的经历时就不能面带笑容了。在这种情况下笑，会让他人觉得你缺乏同情心等。

　　微笑不仅给人们以愉快、温馨，也传达出一种安全感，一种对生活的满足和对社会的信赖。微笑很简单，人人都能做到，现在就可以做到。微笑又很不简单，当一个社会充满了微笑时，你会感受生活也充满了魅力。每天微笑多一点点，世界就会变得更加美好。

　　愿没有微笑的孩子，学会微笑吧，有了灿烂的心情，天蓝了、云白了、风轻了，你的憧憬就会变成现实，你的世界就会充满阳光。

第二章
不吼不叫，培养孩子良好生活习惯

　　一个孩子长大以后，做事是认真还是马虎，是有条理还是杂乱无章，都与他儿时养成的生活习惯有着千丝万缕的联系。

　　作为家长，应该在孩子小的时候就做有心人，培养孩子良好的生活习惯，而不能试图仅仅依靠吼叫和训斥让孩子改正不良生活习惯。

美好生活从早睡早起开始

良好生活习惯的养成，往往是从每天的作息开始的。按时作息，早睡早起，对孩子的成长有着积极的促进作用。

按时作息，早睡早起有利于孩子养成良好的生活、学习习惯，有利于孩子的身心健康和学习。那些能够按时作息的孩子，大多身体健康，成绩优良。作为家长应从小培养孩子按时作息，早睡早起的好习惯。

但是，很多孩子晚上贪玩不愿睡觉，赖床不能早起，让家长大伤脑筋。眼看着上学时间到了，孩子却还在被窝里蒙头大睡，很多家长都压抑不住心中的怒火，对孩子大声吼叫。但是，这种做法治标不治本，并不能让孩子真正养成早睡早起的好习惯，甚至还会让孩子带着满腹委屈，睡眼惺忪地去上学，学习效果可想而知。

专家建议，要培养孩子按时作息，早睡早起的习惯，靠大吼大叫是没有用的，家长可以从以下几点入手。

1. 制定合理的时间安排表

如果决定了要让孩子养成早睡早起的好习惯就要规定好时间并严格遵守。如每天晚上9点左右就让孩子做好睡前准备，准时上床睡觉。时间表的执行原则上靠孩子的自觉，让孩子自己学会按时睡觉，按时起床，家长不要包办代替，可以委婉地提醒，但提醒的次数不要太多，以免孩子产生依赖感。

2. 帮孩子营造一个舒适安静的睡眠氛围

床铺要符合孩子的要求,不要亮着灯,可播放催眠曲,让孩子在轻松的氛围中入睡。

3. 睡前要抑制刺激

如不看电视和电影,不看书籍,不打骂、训斥,强迫孩子做不愿做的事情。此外,还要注意,入睡前不要让孩子吃夜宵,不能饮浓茶、咖啡、饮料,不要吃巧克力,等等。晚饭不要吃得过饱,可以吃一些含有氨基酸的食物。

4. 让孩子明白早睡早起,珍惜时间的道理

观念决定着行动,孩子的赖床,可能是不懂得如何珍惜时间,或者不知道为什么要早睡早起,家长要注意抓住时机,适时适当地多给孩子讲讲道理。但注意不要空谈,要把道理结合在具体的问题和情景中。比如孩子因早上赖床而迟到了,家长就可以帮他分析一下,如果准时起床不磨蹭,不就把迟到的时间抢回来了吗?这样,孩子就明白了醒来之后马上起床的必要性。

5. 及时表扬,给予正向的强化

在孩子有所进步时,家长应及时给予表扬或奖励,但要注意把握分寸,大的进步得大的表扬,小的进步得小的表扬,不要表扬得太过,也不要漠不关心。

6. 要持之以恒

每天都坚持让孩子早睡早起。不能一到周末就玩至深夜,周日早上全家人都赖在床上不起来,这样很难使孩子养成良好的睡眠习惯。值得家长们注意的是,培养孩子早睡早起的习惯,家长要以身作则。如果家长自己生活不规律,睡觉起床,随心所欲,孩子自然会学大人的样。

当然，良好睡眠习惯的养成是一个长期的过程。孩子因为身体、意志、时间观念差、独立性不够等原因，并不很容易就能贯彻"按时作息，早睡早起"这一准则，这就要求家长们给予孩子充分的耐心与信心，从小抓起，有始有终地坚持，慢慢地，孩子必能养成良好的睡眠习惯，以充沛的精力投入生活与学习中去，从而赢得好成绩、好心情！

引导孩子养成良好卫生习惯

随着社会卫生意识的增强，越来越多的人将卫生习惯作为衡量一个人是否讲文明、有素质的基本标志之一。一个人如果不注重个人卫生，常常衣冠不整，邋里邋遢，必定会影响他人对自己的印象，影响今后的人际关系与个人发展。

有这样一个故事：

一个企业家与外商洽谈一个合作项目，并很快通过洽谈，基本达成意向，准备第二天签约。洽谈休息时，企业家陪外商到厂区参观。参观时，这个企业家像在家里一样随便吐了一口痰，随地吐痰在企业家看来没什么大不了的，却给外商留下了极坏的印象。外商认为，作为企业家不讲文明，如此随便，怎么能做好大事呢？第二天，外商决定放弃签约。企业家怎么也想不通自己错在哪里？

事实上，正是因为企业家不讲卫生，导致他失去了一个大项目，失去了一个大好的发展机遇。冰冻三尺，非一日之寒。大多习惯都是一天天、一年年养成的，可以说是日积月累，有的甚至是在很小的时候养成的，再也难以改变，不讲卫生的习惯同样如此。

讲卫生习惯是一个国家国民素质的体现。是否讲究个人卫生，不但反映出这个国家人民的生活水平，也反映出这个国家人民的文明程度。对于个人来说，是否讲究个人卫生反映出这个人的思想觉悟、道德水平和文化素质的高低。

作为家长，培养孩子良好的生活卫生习惯尤其重要。因为它不仅体现孩子的个人素养，还是孩子身体健康的重要保证。

首先，良好的卫生习惯可减少一些皮肤病、寄生虫病、胃肠道疾病、传染病的发生。对于年幼的孩子来说，他们的体质较弱，如果没有良好的卫生习惯，就很容易染上各种疾病。俗话"病从口入"，就说明了是否讲究卫生直接关系到人的健康。所以，讲卫生的孩子，身体一般会更加健壮。

其次，良好的卫生习惯能让孩子的心情保持一种愉悦的状态。如果孩子整天脏兮兮、邋里邋遢的，自己的脏衣服、鞋袜堆积如山，书本、玩具随便乱放。因为混乱，导致孩子没有办法集中精力做好一件事情。这样的孩子心情往往烦躁不堪。相反，一个讲究卫生的孩子，势必会整理好自己的衣物，使之规整，这样，孩子做什么事情都神清气爽，效果比较好，也促进了良好情绪的滋生。

整洁的服装能使人产生自尊心，有良好卫生习惯的孩子往往比较自信。因为他们从镜子中看到的自我形象是让人满意的。在自我认可的情况下与人交往孩子自然信心倍增。相反，如果一个孩子不讲卫生，不修边幅，他很可能从他人那里感觉到嫌恶与不友善，这将导致孩子产生自卑感。

总之，良好卫生习惯的养成非常重要。它不仅仅影响到孩子的现在，还影响到孩子的未来。儿童时期是良好卫生习惯养成的重要时期，抓住这个时期进行培养，能让孩子终身受益。

但是，现实中有很多孩子不讲卫生，从外面玩耍回家后，父母总要大吼大叫好几遍，孩子才会慢吞吞、不情不愿地去洗手。为此，许多父母苦不堪言。

那么，如何才能不吼不叫培养孩子良好的卫生习惯呢？要想让孩子做到干干净净每一天，家长要特别注意以下几个方面。

1. 让孩子意识到不讲卫生的危害

一个妈妈最近发现孩子有一些新变化，那就是他比以前爱干净了。以前，他可不是这样的，他不太重视个人卫生，就连饭前洗手、睡前洗漱这样的小事都要父母盯着做。如果没人盯着，他就马虎完事。可是，最近孩子变了。妈妈问他："为什么爱整洁了？"孩子说："因为老师给我们讲了很多讲卫生、讲环保的故事，而且还让我们把自己的手放在显微镜下面观看。这使我们认识到，不讲卫生、不懂环保的人简直就是野蛮人。"

可见，只有让孩子意识到不讲卫生的危害，才能树立起孩子讲卫生的意识。因此，家长应从小给孩子灌输卫生意识。

2. 让孩子保持身体卫生

家长要从小要求孩子勤洗手、洗脸，勤理发、洗头、洗脚、洗澡、剪指甲，这不仅能清洁身体，保持个人卫生，而且能够促进血液循环，增进健康。

3. 家长应要求孩子保持仪表整洁

家长应教孩子经常注意自己的衣服是否干净整齐，所有的扣子是否扣上了，鞋带是否系好了，头发是否整齐，让孩子了解，关注自己的仪表是素养高的表现,不关注自己的仪表会让人疏远。

4. 要求孩子饭前便后要洗手

作为家长,应该注意,3岁就应该培养孩子饭前便后洗手的习惯,到5岁时孩子应该已经养成了这一习惯。家长要帮助孩子巩固这一习惯,并让孩子学会正确的洗手方法。

正确的洗手方法应先浸湿双手,再抹上肥皂搓一搓,然后冲洗干净,最后用毛巾擦干。家长可以给孩子做示范,让他们模仿。为了让孩子记住正确方法,家长可故意在洗手时不抹肥皂,洗完后问孩子错在哪儿,或进行"看谁的手洗得干净"的比赛,以此来促使孩子认真洗手。

5. 保护好牙齿

家长要督促孩子早晚刷牙、饭后漱口,睡觉前不吃糖果饼干等,并且养成固定的习惯。

6. 让孩子养成保持周围环境整洁的良好习惯

不乱扔果皮、纸屑,不随地吐痰和擤鼻涕,不随地大小便。不乱涂墙壁,不踩桌椅。不仅在家里要做到这些,而且在公园、电影院、公共汽车上等公共场所也要做到。家长要让孩子随身携带纸巾,将吃过的口香糖、要吐的痰等吐在纸巾里。让孩子时刻切记,爱护环境人人有责。

7. 家长要多督促、检查

孩子的自觉性、坚持性和自制力都比成人差,需要不断地督促、提醒和检查,这样才能使孩子良好的卫生习惯得到不断强化与巩固,逐步形成自觉行动。有的孩子喜欢吮手指头或咬指甲,这样容易得肠道等传染病,类似这样的习惯不好,应从小督促孩子改正。

当然，良好的卫生习惯并不是一朝一夕就能养成的，这就需要家长们有一定的耐心。做到用爱心督促孩子成长，用耐心关注孩子的健康。唯有如此，孩子才能慢慢养成良好的卫生习惯。

帮助孩子养成良好用眼习惯

眼睛是心灵的窗户，是我们用来观察美丽世界的法宝，有了它，我们才知道这个世界是如此美妙。据统计，人类获得知识信息的 85% 来自视觉器官——眼睛，因此，保护眼睛极为重要。

但是近年来，据调查，目前我国学生的近视发病率居世界第二位，人数居世界之首。来自上海的消息显示，2004 年上海市中小学生视力不良率为 51.86%，（其中小学生为 30.02%，初中生为 63.32%，高中生高达 79.34%）。杭州市最近对部分中小学生的体检结果显示，60% 的人患不同程度的近视，比两年前上升了 10%，其中中学生视力不良发生率为 70.05%。有人说，中国已经从"自行车王国"过渡到"眼镜王国"。

不良因素均能造成视力不良。近几年的调查中发现 80% 的孩子每天看电视在 2—3 小时以上，相当一部分孩子有不良的用眼习惯。如看电视、看书时喜欢近看、躺着看，如果不早纠正就会造成视力发育不良。因此，从小培养良好的用眼习惯是预防近视的关键。

但是，许多孩子并不能正确认识到保护眼睛的重要性，养成了很多不好的用眼习惯。更有甚者，晚上偷偷躲在被窝里看手机、玩 iPad。家长为此总是大为光火，吼叫训斥都是家常便饭，却并不能让孩子从根本上改正这些恶习，导致孩子视力越来越差。

所以说,吼叫不能解决问题,要让孩子养成良好的用眼习惯,需做到以下几点。

1. 让孩子锻炼身体,增强体质

如果身体状况不好,就会影响视力。如患有贫血、神经衰弱、营养不良、内分泌紊乱或全身发热疾病期间,视力一般都比平时要差。当情绪低落、睡眠不足、长期生活无规律时,人的视力也会有所下降。因此,家长应该让孩子注意多锻炼身体,增强体质。同时,还要养成良好的生活习惯、保证充足睡眠。

2. 改善照明条件

不良的光源会在不知不觉中对眼睛造成伤害。太强或太弱的光对眼睛都是有害的。大量研究表明,学生的近视和夜间长期用不科学照明光源有直接关系。因此,灯光照明一定要特别注意,要选择良好的、亮度足够的照明灯具。最理想的照明条件是自然光。

孩子晚上看书,为使桌面上获得合理的照明度,就要根据灯管(泡)的瓦数适当调整灯的高度,家长要使桌面照明度达到80米烛光(1米烛光即1烛光的光源照射于距光源1米的垂直平面上的照度)左右。例如,白炽灯40瓦,灯管距离桌面高度应为145厘米,30瓦应为140厘米,20瓦应为110厘米,15瓦应为65厘米,8瓦应为55厘米。白炽灯40瓦灯泡距离桌面高度应为60厘米,25瓦应为45厘米,15瓦应为25厘米。灯光要来自座位的左上方,以避免阴影。还应该保持灯管(泡)有足够的亮度,旧灯管使用一定时间要更换。

3. 让孩子注意阅读书写时的用眼卫生

人的眼睛看远处时,会得到休息;看近处时,要依靠晶状体进行调节，即晶状体变厚并向前凸出，晶状体的这种变化又依靠眼睛睫状肌的收缩来完成。当阅读书写时，眼睛离书本或书写纸的距离太近，睫状肌就要不断地处于收缩状态，时间久了，睫状肌过于疲劳，最后失去调节的灵活性，在看远物时睫状肌仍然收缩着，以致看不清远物，形成近视眼。在阅读和书写时，眼睛和书本或书写纸的距离应保持在 33 厘米左右比较合适，这样有利于睫状肌、晶状体的收缩和松弛，眼睛不容易疲劳。

4. 教育孩子不要长时间地连续看书

看书必须用眼用脑，孩子神经系统发育不成熟，不能长时间地集中注意力，每次阅读以 30 分钟为宜，最多不要超过 1 节课 40 分钟的时间。看一段时间后应起来活动一会儿，或向远方眺望，使紧张的眼球和大脑得到放松。

5. 行走或乘车时不宜看书

行走或乘车时看书，对眼睛健康极为不利。因为在摇晃的环境中看书，光线忽强忽弱，眼睛和书本的距离忽远忽近，需要睫状肌和晶状体高速调节，不仅容易疲劳，导致视力下降，而且眼睛所看的东西移动太快，视网膜上出现一个个模糊的影像，容易导致头昏眼花，甚至恶心呕吐。

6. 不要躺着看书

有些人喜欢躺在床上看书，这是一种不好的习惯。躺在床上看书，多是侧卧的，眼睛往往呈斜视状态，加上光线不好，时间稍长，眼睛就会感到疲劳，两眼酸胀，时间一长，眼睛就会发生变化，形成近视。另外，人躺在床上，大脑活动逐渐降低，中枢神经慢慢进入抑制状态，容易昏昏入睡。而看书却要进行一些思考活动，与躺在床上的生理状态发生对抗，容易使神经活动发生紊乱,造成神经衰弱等症状。

7. 教育孩子节制看电视、用电脑

家长应教育孩子,看电视要有节制,注意调节好电视的亮度,距离要适当,位置一般保持和电视的距离为 3 米左右,和电脑的距离保持在 50–70 厘米左右。看电视、用电脑的时间不要超过 1 小时,一天不超过 4 小时,连续用眼中间要休息 10–15 分钟。

8. 教育孩子注意眼睛的保健

看书一小时或一堂课后,做做望远运动是十分有益的。具体做法是,向远处凝视 3 分钟左右,然后闭眼大约 1 分钟,再睁大眼睛上下左右转动眼球。这样能调节视神经功能,并使调节眼睛晶状体的肌肉得到休息,对保持良好的视力大有好处。如果远望绿色的树木和农作物更好,因为绿色不仅能吸收强光中对眼睛有害的紫外线,而且人体的神经系统、大脑皮质、视网膜对绿色最适应,会使大脑和眼睛得到充分休息。

综上所述,要想让孩子拥有一对黑白分明、炯炯有神、光彩照人的眼睛,就应该让孩子从小注意养成良好的用眼习惯。唯有合理地使用眼睛,才能让眼睛发挥更重要的作用。

教育孩子珍惜时间

爱因斯坦认为,人与人之间的最大区别就在于怎样利用时间。因为每个人对时间的处理态度、安排内容、使用方式不同,所以他们的收获也有不同。同样的时间,有人杰出、有人平庸、有人沉沦。仔细观察那些有杰出成就的人,我们会发现,他们无一例外,都有珍惜时间,利用上天赐予的时间刻苦钻研,从而创造辉煌业绩的经历。反之，那些平庸、一事无成的人，也同样有着挥霍时间、挥霍生命的历程。

有这样一个故事：

一个流浪汉呜呜地哭着。时光老人问："你为什么哭呀？"

流浪汉说："我少年时代玩玻璃球，青年时代玩纸牌，中年时代打麻将，家产都败光啦！如今我一无所有，我真后悔呀！"

时光老人看他哭得可怜，便试探地问："假如你能返老还童……"

"返老还童？"流浪汉惊讶地抬头将老人打量一番，"扑通"一声跪下，苦苦哀求道："假如再给我一个青春，我一定从头学起，做一个勤奋好学的人！"

"好吧！"时光老人说完便消失了。

流浪汉一时间如梦中惊醒，他低头一看，欣喜地发现：自己已变成一个十来岁的少年，肩上还背着书包呢。

流浪汉想起自己刚才说的话，便向熟悉的一所小学走去。

路上，他看到几个孩子正在玩玻璃球，不觉得手又痒了，他想，就玩几把吧，以后肯定不玩了。想着，便也挤进去玩了起来。他仍然按老样子生活，玩纸牌，打麻将……到了老年，他又懊悔地哭了起来。

这一次，他再次碰到时光老人，"扑通"一声跪下，请求时光老人再给他一次青春。

"我做了一件蠢事！"时光老人冷笑着，"给你再多的青春，你也不会得到真正的生命。"

从此，时光老人再也没有多给谁一分钟时间！

这一故事相信大家都不陌生，故事中的流浪汉是我们许多人的写照。因为年轻时不懂得时间的可贵，不珍惜时间，导致年老以后一事无成，追悔莫及。生活中，同样有许多这样的孩子，因为缺乏时间观念，不懂得时间的不可逆性，所以，"做事拖沓，无效率""贪玩""不按时完成作业"……类似的问题成了家庭教育中一个让家长极为头疼的问题，许多孩子都要在父母不停的唠叨吼叫声中才慢吞吞地写完作业。

今天，我们的孩子面临的是一个讲时间、求效率、快节奏、高速度的时代。要想孩子今后在事业上有成就，光靠催促吼叫是没有用的，必须纠正孩子不珍惜时间的坏毛病，教育他们生活起居有规律，从小懂得时间的重要性，珍惜时间。

孩子只有从小形成正确的时间观念，养成珍惜时间的好习惯，才能形成雷厉风行的作风，培养起做事的责任感与紧迫感。同时，养成珍惜时间的习惯，还能让孩子学会合理安排时间、支配时间，使生活过得充实而富有意义。

要想让孩子养成珍惜时间的好习惯，家长需要从几个方面入手。

1. 让孩子认识"时间"，从小培养孩子的时间观念

家长应该让孩子从小就认识到"时间"是每个人都拥有的，但也是最易失去的资源。把握时间、珍惜时间，就是要把握住现在，不浪费时间。

2. 让孩子遵循一定的作息规律

如让孩子按照固定的时间睡觉、起床。如果孩子没有时间观念，连最基本的生活作息都会一团混乱，这样，孩子上学迟到、旷课的事情就会经常发生。只要孩子掌握一定的作息规律，一定能够变得勤快而有效率。

家长可以和孩子一起制订一张作息时间表，什么时间起床，洗漱要多长时间，吃早餐要多少时间，放学后先做什么，后做什么，几点睡觉，等等，都可以让孩子做出合理的安排。只有把作息时间固定下来，形成习惯，孩子才能对时间有一个明确的认识，才能养成良好的时间观念。

3. 正反利用孩子的"大脑兴奋阶段"

珍惜时间，不等于说"学习时间越长越好"，不舍昼夜、有张无弛、疲劳轰炸，只会导致神经衰弱，影响身体健康，学习效果自然也不会好。须知贪玩是孩子的天性，家长可以通过定期与孩子交流对"时间"的认识来准确了解其大脑皮层的最佳兴奋时段。

每个人的这一时段都是不太一样的，比如巴金喜欢挑灯夜战，艾青则早上诗兴大发，福楼拜则惯于通宵写作。家长可与老师配合，把一天中比较重要的学习任务在这一时段交与孩子完成，这样花较少的时间可以完成较多的功课，让孩子产生一种有效利用时间的成就感。与此同时，有意识地将孩子"玩"的时间挤在大脑皮层的兴奋处于抑制状态的时间段，长期如此，会让孩子产生出一种"玩原来也这么没劲"的心理，从而在一定程度上截断其贪玩费时的心理路径。培根说得好："合理安排时间，就等于节约时间。"此种方法亦有功效，而且长此以往还能逼迫孩子培养一种高效利用时间的习惯。

4. 指导孩子按照任务的轻重缓急安排学习顺序

孩子往往分不清自己要做的事情的重要程度，他们的事情往往是由父母和老师来安排的。这是造成孩子不善于利用时间的一大原因。

事实上，只有充分认识到自己要做的事情与自己的关系，才有可能把这些事情都处理好。父母可以指导孩子每天把自己要做的事情按照重要程度和紧迫程度排列顺序，就可以保证把重要的事情都完成，把自己的时间和生活安排得井井有条。

5. 教育孩子把握现在，马上行动

家长对孩子的"身教"非常重要。在孩子面前，只要有了目标，家长就应该立即行动起来，即使尚未准备就绪也不要管它，重要的是行动本身。孩子耳濡目染，自会意识到：立即行动，才能真正把握"今天"和"现在"。这样可以让孩子对时间产生一种紧迫感，做事不拖沓延宕，意识到时间是一逝而过的，抓不住，时间就溜走了。记得大画家柯罗曾对一位向自己请教，并表示"明天全部修改"的青年人激动地说："为什么要明天？你想明天才改吗？要是你今天晚上就死了呢？"所以家长应该告诉孩子："如果你决心珍惜时间并想有所作为，那么现在就行动起来吧！"

6. 每天寻找一个赢得时间的新技巧

培养孩子节约时间的意识能够轻易地让孩子对时间产生一种珍惜之情。如告诫孩子不要把时间浪费在对没有做的事情的内疚上，也不要因后悔失败而浪费时间。同时教孩子逐步养成一种习惯，那就是努力让自己不要去浪费别人的时间，从而也为自己节约了时间。另外，还可将手表一直拨快几分钟，以使孩子每天都能赶在时间的前面。还可让孩子在闲暇时有意识地问自己："此时此刻，如何才能最好地使用时间？"

7. 让孩子学会休息

从生理学观点看，人的全身是一个整体，各个部位之所以能和谐地运动，全靠中枢神经系统的调节。因此，学习时间太久，

脑神经细胞的兴奋状态就会下降，所以必须休息好。列宁说："不会休息的人就不会工作。"而休息的最好方式就是不同性质的工作交叉起来。车尔尼雪夫斯基说："工作的变化，便是休息。"休息好，效率自然高，时间的利用率也就高，同样能达到珍惜时间的目的。

8. 给孩子玩的时间

许多父母认为孩子由于作业做得太慢而没有了玩的时间，因此就不断地催促孩子、埋怨孩子，甚至惩罚孩子更长时间地学习。其实，孩子是因为父母把自己的时间安排得满满的，完全没有自己支配的时间，才会不珍惜时间，才会拖拖拉拉的。在这种没有希望、没完没了的学习过程中，孩子的心态是消极的，没有目标，没有兴趣，往往心烦意乱、错误百出，时间也拖得很长，结果造成了恶性循环。

给孩子一定的自由支配时间，让孩子去做自己想做的事，注重培养孩子的学习兴趣和主动性。比如，有的家长要求孩子每天放松一小时。在这一小时内，孩子可以玩、听音乐、休息等，不管干什么，家长都不去干涉，等孩子情绪比较稳定和愉快了，有了学习的兴趣和主动性时，就会比较愿意开始较长时间的艰苦学习，学习效果也会更加理想。

总之，孩子只有从小形成正确的时间观念，养成珍惜时间的习惯，才能不至于沉溺在玩乐之中而最终一事无成。

培养孩子整洁有序的好习惯

现象一:

平平是一年级的小学生了,可是他一直不会整理自己的学习用品,经常忘带课本、作业本、文具和其他物品,爸妈爷奶给他送过好多次,为此老师还批评过爸爸妈妈呢。另外,在家里平平也是从不整理自己的用品,书架乱得一塌糊涂,家里到处都是他的书,妈妈光收拾他的东西就得好半天。可收市后要不了一两天,又会乱成一锅粥。为此,妈妈总是朝他大吼大叫,可他依然改不掉杂乱无章的毛病。

现象二:

文文是一个一天到晚总是忙忙乱乱、慌慌张张、丢三落四的孩子,不是把作业本忘在家里了,就是忘了带课本。这不,期末考试时,文文又犯了同样的毛病,他把文具盒落在家里了。这该怎么办呢?

生活中,像平平和文文这样的孩子还真不少。这些孩子缺乏条理性,他们的学习用品经常乱摆乱放,没有秩序、没有方法、不分场合:书架上,横竖站卧各种姿势的书都有;长短大小各种规格的书都有;古今中外各种内容的书都有;床头、窗台、茶几、餐桌、沙发、鞋架到处都有没看完的书;写完作业后,课本、作业本、草稿纸、字典、铅笔、文具盒、橡皮、尺子、转笔刀、墨水瓶摆了一桌子，书包扔在地上；没课表、没作业记录本。红领巾、校服、鞋套、学具等乱扔一通。正因为如此，他们总丢三落四，不讲秩序，不会整理，给他们的生活带来了诸多的麻烦。

面对父母的吼叫批评，他们不是不知道自己错了，而是不知道如何改正。任凭父母怎样苦口婆心地说教，也难以让他们改掉这个坏习惯。

事实上，孩子之所以养成了这些不良的习惯，跟家庭教育是有很大关系的。具体地说，造成孩子不会整理的原因有以下三个方面：

第一，家长自己没有好的习惯，给孩子做了一个不好的榜样。

第二，家长对孩子的习惯养成不重视，忽视了生活细节对孩子的影响，没有从小给孩子培养好的整理习惯。

第三，对孩子过分溺爱，总是在替孩子"善后""擦屁股"。比如，孩子学习完了，家长帮忙收拾；孩子的铅笔断了，家长帮孩子削铅笔；孩子的文具盒落在家里了，家长很及时地送去学校；等等。类似的做法让孩子产生了极大的依赖性。从而养成了不整理、不善整理、不乐于整理的生活习惯。这对孩子的独立性的培养是不利的。

由于以上种种原因，孩子养成了杂乱无章的习惯，并不是父母吼叫几声就能让他们改正的。

正因为如此，家长应纠正自己的教育方式，从小培养孩子自己的东西自己整理的好习惯。而要让孩子养成整理、做事有条理的习惯，家长应做到以下几点。

第一，不能过分溺爱孩子，别总是大包大揽替代孩子做他已经力所能及的事情。要从小处着眼着手，给孩子培养自己整理学习用品的好习惯，从小就锻炼孩子独立的动手能力，这将使孩子受用终生。

第二，演习游戏。让孩子分别在乱七八糟的书架和条目清楚的书架上找书，体会有条理带来的好处。要出门旅游了，却找不着火车票、照相机、水壶，体会没做好准备带来的麻烦。

第三，让孩子定期整理书包。孩子最好每月整理、刷洗一次书包。因为书包是孩子每天都要携带的，经常清洗可以清除细菌。同时，它的整洁也关系到个人的精神面貌，背上干干净净的书包，会给自己一个好心情。

第四，让孩子自己整理玩具、物品，这能让孩子体验到整理的乐趣。

首先，家长应该为孩子准备一个地方，让孩子专门用来放置自己的玩具和物品，让孩子知道这些玩具和物品各有各的"家"，每次用完之后，都应该将这些东西送回它们自己的"家"去。

其次，家长要让孩子明白，收拾自己的玩具和物品是自己的事，自己的事情要自己做，家长偶尔帮帮忙，只是帮忙，而且应该获得孩子的感谢。

最后，家长要尽可能地用游戏等方式去吸引孩子参与收拾整理自己的玩具、文具用品等事情，并且坚持不懈地不断强化，最后使孩子形成习惯。

第五，让孩子和爸爸妈妈一起整理家务，体会家长的辛劳，知道乱放物品是一种非常不好的习惯。

第六，让孩子整理自己的书桌，尽可能地避免书桌不整洁，还要注意不要在书桌上堆满一些与学习无关的东西，这样做，能让孩子在学习的过程中保持专注。

第七，让孩子在自己的学习场所准备好所需的所有用具：纸、笔、直尺、草稿纸、削好的铅笔、橡皮擦等。这样，孩子学习的时候顺手拈来，有助于提高学习效率，从而体验到整理给自己带来的诸多便利。

第八，家长可以有意带孩子参观书架书包用品整理好的同学家，并且使劲儿夸奖该同学，使孩子因不服气而产生超过他的动力并付诸行动。

在孩子学会整理的时候，家长不但要授予方法，还应该多鼓励和表扬，为孩子的进步喝彩。经过一段时间的训练以后，孩子慢慢地就会养成自觉整理自己的东西的习惯。

第三章
不吼不叫，教会孩子社交礼仪

记得一位哲人说过："人生的美好是人情的美好，人生的丰富是人际关系的丰富。"任何一个人，要想取得成功都离不开稳定而良好的人际关系。

但是，孩子做事往往随心所欲，并不能正确运用社交礼仪，这常常让家长感到丢脸，并因此对孩子大吼大叫、批评训斥。

殊不知，这种吼叫训斥的教育方式并不能起到很好的效果。而家长真正需要做的是引导和启发，帮助孩子学会正确的社交礼仪。只有这样，才能为他们将来的个人发展做好充分的准备。

待人接物要有礼貌

"礼貌"是人们在相互交往过程中，通过语言、表情、行为、态度表示相互尊重和友好的言行规范。生活在社会这个大家庭中，每个人每天都要和各种各样的人打交道，无论是在家庭、学校，还是在社会中，一个人展示给他人的首先是其文明礼貌方面的素养。要想建立起良好的人际关系，就应该先学会礼貌待人。

一个举止得体，待人彬彬有礼的孩子，必定深受他人的欢迎，对他来说，人际交往也并非难事。反之，一个举止粗俗、满嘴脏话的孩子，即使学识渊博，满腹经纶，也没有什么前途可言。因为，没有人会喜欢这样的人。因此，从小培养孩子讲礼貌的习惯很重要。

生活中，孩子不讲礼貌的现象有很多，比如见人不打招呼、不会礼貌用语、不懂得致谢、在公共场合吵闹等；此外，还有一些孩子用粗话骂同学、去他人家做客随便翻东西……此类行为，让他人不堪其烦。

面对孩子不懂礼貌的行为，家长有的是在公共场合就对孩子吼叫批评，有的是回家以后训斥起来没完没了。但是，这并不能从根本上解决孩子不懂礼貌的问题。

其实，孩子不懂礼貌与家庭教育或多或少有直接或者间接的关系。

首先，家长缺乏引导。在生活中，许多家长能意识到要培养孩子礼貌的行为，让孩子学会跟别人打招呼、问好、道谢等，但没有告诉他这样做的重要性和意义。这样，孩子缺乏目的指引，自然不会形成自觉的行为习惯。

其次，家长自身的行为缺乏说服力。如果家长平常不注意用"礼貌"去要求自己的言行，反而告诉孩子要讲礼貌，这对孩子而言，是强人所难。而如果家长自己有礼貌，家长互相之间有礼貌，之后要求孩子也这么做，孩子自然而然也就很容易学会了。

最后，家长忽视了"礼貌"的重要性。孩子年龄尚小，分辨对错的能力不够强。而家长们往往以为孩子说脏话、乱翻别人东西等都是一些小事情，不需要斤斤计较。只要孩子学习好，这些小问题都可以忽略。于是，在生活中，这些家长对孩子一些不礼貌的行为总是持睁一只眼闭一只眼的态度，正是家长的这种态度，导致孩子的行为越来越恶劣！

因此，如果你的孩子出现了不讲礼貌的行为习惯时，做家长的一定要反省自己的责任。对于孩子来说，有礼貌的习惯是在家长长期的教育与熏陶下形成的。要培养孩子有礼貌的行为习惯，家长应做到以下几点。

1. 家长以身作则，用自己的行动告诉孩子礼貌的可贵

如在日常生活中家长一定要注意自己的言行举止。不在孩子面前骂人、说粗话；不争抢；给老人让座；等等，这些行为的影响远比语言更有力。孩子耳闻目睹家长礼貌的言行和举止，不但受到了熏陶，还会更加地服从和尊重家长。

2. 在生活中多给孩子讲一些礼貌规则

在日常生活中，让孩子了解一些起码的礼貌规则是很有必要的。家长应让孩子从小就知道哪一种行为是有礼貌的，哪一种行为是没有礼貌的。比如，在公共场合，安静是礼貌的，吵闹、奔跑是无理的；买东西的时候排队是有礼貌的，反之就是没有教养没有礼貌的行为……让孩子学会礼貌用语和举止，这样才能慢慢成为一个有礼貌、知书达理的好孩子。

3. 注重孩子个人礼仪的培养

个人礼仪包括仪容仪表、仪态举止、谈吐、着装几个方面。

从仪容仪表说，主要要求整洁干净，脸、脖颈、手等都要洗得干干净净；从仪态举止上来说，主要从站姿、坐姿、行走以及神态、动作方面提出要求，要求站有站相，坐有坐相，表情神态要表现出对他人的尊重、理解和善意，忌讳随便剔牙、掏耳朵、抠脚等不良动作习惯；从谈吐方面讲，要求讲话态度要诚恳、亲切，使用文明语，简洁得体，不能沉默无言，也不能喋喋不休或者东张西望，翻看其他东西；从着装方面说，要求干净、整洁、得体，不要皱皱巴巴。

4. 多表扬和鼓励孩子，少一些批评和指责

当孩子有一些有礼貌的行为时，家长尽量用鼓励和表扬去强化他的行为，让孩子认识到"嘴巴甜"的好处。如果孩子有一些不尽如人意的举止，尽量与孩子开诚布公地交谈，告诉他这样的行为是会让人不高兴的。让孩子将心比心，体会别人的感受与反应，可问孩子："如果别人也这么说你，你会不会很难过？如果会，就不要这么说。"也要提醒孩子，常常说这种话会得罪人，没有人喜欢跟他做朋友。和孩子讨论他的情绪感觉，建议他使用其他文明有礼的语句，会比纯粹的斥责更有效。

5. 让孩子学会做小主人

比如，客人来了，要打招呼问候。还可以让孩子请客人坐到

椅子上，给客人倒茶、送水果等。孩子从他人激赏的目光中意识到"礼貌"的好处，自然就更喜欢表现了。

6. 带孩子做客，家长应该教育孩子做客的基本知识

让孩子明白好东西要分享。无论做客也好，做主人也好，给孩子打支讲礼貌的"预防针"是十分必要的。童年学会讲礼貌，是为孩子以后的人际交往打下良好的基础。

7. 让孩子在分析与比较中认识到什么是礼貌

分析、比较他人的行为，从而得出结论：什么样的做法是正确的，什么样的行为又是没有礼貌、不正确的。

总之，孩子礼貌的行为习惯，只有在家长有意识的监督下，才能达到更好的效果。

帮助孩子养成倾听的习惯

善于倾听是一个人不可或缺的修养。人的一切活动都离不开"听"，"听"是人直接获得信息的最为重要的实践。从小培养孩子养成良好的倾听习惯，能让孩子一生都受益无穷。

首先，有效的倾听能帮助孩子博采众长，弥补自己考虑问题的不足；也能使孩子触类旁通，萌发灵感。善于倾听的孩子一般学习能力都强，成绩都比较优异。而一个总在他人说话时插嘴的孩子，通常没有听课认真的习惯，注意力不集中，所以总在老师真正问起问题的时候，什么都不会。这样的孩子，通常学习成绩都比较差，思路跟不上课堂的进度。

其次，善于倾听的孩子能获取朋友的信任，是一个人真正会交际、有教养的表现。善于倾听的人能够给别人充分的空间诉说自己，帮助他人减轻心理压力。每当人们遇到不如意的事，总想找个人一吐为快。我们的倾听，在别人不如意时往往会起到意想不到的缓解作用。同时，善于倾听，还可以了解到他人的心里想法与需求，能够提出合适的建议，从而获得了友谊与信任。

一个不善于倾听别人说话的人，人际关系通常都很失败。他们总喜欢滔滔不绝，别人的话还没有说完，他们就插话；别人的话还没有听清，他们就迫不及待地发表自己的见解和意见；可是，当对方兴致勃勃地与他们说话时，他们却心不在焉，手上还在不断拨弄这个那个。这样的人，没有人愿意与其交谈，更不会有人喜欢和他做朋友。这样的人，给人的印象是浮夸，不值得信任，没有教养。所以，总招人嫌弃。

最后，善于倾听他人，常常会得到意想不到的收获。

蒲松龄因为倾听路人的述说，记下了许多聊斋故事；唐太宗因为兼听而成明主；齐桓公因为细听而善任管仲成就春秋霸业；刘玄德因为恭听而鼎足天下。

所以，从小培养孩子的倾听能力，让孩子养成良好的倾听习惯，对孩子人生将产生不可估量的作用，对孩子素养的提高也将起到巨大的推动作用。学会倾听，也就学会了尊重别人，学会了真诚处事，学会了关心，也学会了与他人合作。这样的孩子能不让人倾心吗？

但是，很多孩子并不懂得倾听。相信很多家长都遇到过这样的情况：自己在跟孩子讲事情，孩子却东张西望，不注意听。这时，家长难免怒从心中起，非要大吼几声，将孩子的注意力拉回来。

但是，靠这种吼叫的方式，只能暂时吸引孩子的注意力，并不能让孩子真正养成倾听的习惯。而要培养孩子倾听的习惯，家长需要从几个方面入手。

1. 以身作则，用榜样的力量影响孩子的倾听

身教重于言教，这是每一位家长都非常明白的道理，但在实际生活中，家长要真正做到这一点却非常不容易。你要培养孩子养成认真倾听的习惯，理所当然自己首先要有认真倾听的好习惯。

2. 让孩子明白"倾听"是表示自己尊重他人的道理

在人与人交往的过程中，不能心不在焉，要么目标转移，要么四处走动，应该认真倾听。学会倾听，不但能给予他人自信，使自己获得更多的信赖和友谊，还能更好地去了解一个人。

3. 利用"按指令行事"法发展孩子的倾听能力

好动是孩子的天性之一，也是身心发展的一个阶段。为此，家长可以用按指令行事的方法来发展孩子的倾听能力。如，要求孩子听指令做相应动作；在日常生活中交给孩子一些任务，让其完成，以锻炼孩子对语言的理解能力；让孩子根据某种音乐或节奏等，一边看着大人的手势，一边完成某些动作或相应的行为；等等。

4. 利用"听辨错误法"来发展孩子的倾听能力

生活中，有的孩子听一件事时，只听到其中的一点儿就听不下去了，这就说明倾听的质量不高，听得不仔细、不专心和不认真。因此，家长应有目的地让孩子在日常生活中，去判断语言的对错，吸引孩子注意倾听，并加以改正。如说"玉米棒结在地下，葡萄结在树上"等错误语句，让孩子倾听后，挑出毛病并纠正。

5. 利用"传话法"发展孩子的倾听能力

传话法可训练孩子的记忆力和倾听力，如，让爸爸每天告诉孩子一句话，再请孩子告诉妈妈，这样就逐渐培养了孩子仔细倾听的能力，激发孩子倾听别人说话的兴趣。

6. 在活动中巩固

多让孩子参加各种有益的活动，既要孩子听明白活动的内容、要求、规则及其他事宜，又要鼓励他们寻找表现自己的机会，在适当的时候突出表现自己的才能。幼儿园可开展形式多样的表演会、演讲会、故事会、小新闻发布会等类似的活动，引导孩子认真听同伴讲话，鼓励他们大胆踊跃参加表演。

教会孩子赞美别人

赞美，就是用语言表达对人或事物优点的喜爱之意。它不是虚伪，不是恭维，而是发自内心地对他人的欣赏与鼓励。渴望得到他人的赞美是人的天性，被别人欣赏，得到他人尊重是一种正常的心理需要。因此，要满足他人的这种需求，就应该让孩子学会真诚地赞扬他人。真诚的赞美，常常会在最恰当的时刻发挥最好的效果。

但是，很多孩子并不懂得赞美别人，不仅显得自己缺乏教养，同时也让别人难堪。

有一天，妈妈带着童童去同事家做客，同事热情地端了一碟自制的点心给童童品尝。但是童童尝了一口，皱起眉头说，一点都不好吃。

妈妈觉得很尴尬，马上大声训斥童童不懂礼貌。

妈妈的同事厨艺被批评，也觉得很难堪。

回家的路上，妈妈一直在喋喋不休地批评童童，但是童童并不理解，自己说实话难道有错吗？

在这个故事中，我们不难看到，妈妈的吼叫训斥并没有让孩子认识到赞美别人的意义。

作为父母，应该让孩子明白，适时地赞美别人有很多好处。

第一，真诚的赞美和鼓励，就是对他人价值的最好承认和重视，能让人的心灵需求得到满足，有助于增强这个人的自尊心和自信心，给他以勇气，激发其潜力。得到赞美的人会因此表现得更加卓越，从而有效地提高自己的效率。如，因为听到同学的赞美，孩子变得更加自信、饱满、富有斗志；因为家长的赞美，孩子能表现得更加乖巧、懂事、善解人意；因为老师的赞美，孩子能更好地完成学习任务，取得优异的成绩；因为听到上司的赞美，工作就会更加积极、主动，从而把工作做得更加完美。世界上，不知有多少人从赞美的掌声中汲取力量、奋发有为；又有多少人在责骂、抱怨声中意志消沉、碌碌无为。

有甲、乙两个猎人，各猎得两只野兔回家。

甲的妻子看到丈夫打回的野兔冷冷地说："才打两只？"甲心里很不高兴，反驳说："你以为很容易打吗？"第二天他故意空手回来，好让妻子知道打野兔并不是轻而易举的事。

乙的妻子看到兔子则高兴地说："你竟打回了两只，真了不起！"第二天，乙打回了四只。

第二，让孩子学会赞美，有助于孩子更多地发现别人的优点，提升自我。每个人身上都存在着优点，都有值得别人去赞扬的方面。赞美别人就是要发现别人身上的优点，尽量找出他身上与众不同之处，并在适当的场合，以适当的方式告诉他。通过发现他人的优点，可以触动孩子对所称赞的美德或事物的向往，促使孩子以人之长补己之短，从而在温暖和鼓舞他人的同时完善自己。

第三，真诚的赞美可以融洽人与人之间的关系。赞美别人是处理人际关系的一种策略，也是良好心理素质的表现。在人与人的交往中，适当地赞美对方，总是能够创造出一种热情友好、积极恳切的交往气氛。受赞美的人会因为自尊心、荣誉感得到满足而倍感愉悦和鼓舞，并对赞美者产生亲切感，这时彼此的心理距离就会因赞美而缩短，自然也就为交际成功创造了必要的心理条件。一个人善于赞美和发现别人的长处，也恰恰表明了他的胸襟开阔，人际关系和谐。

总之，赞美的好处很多，让孩子学会赞美，是让孩子赢得良好人际的关键因素。那么，家长应如何让孩子学会赞美？

1. 培养孩子赞美他人、欣赏同伴的意识

使同伴间通过独特的情感交流与体验，传递思想，增进友谊，形成一种和谐、友爱、团结向上的群体氛围，从而增强孩子良好的道德习惯。

2. 要教给他们赞美的方法

如怎样用语言来赞美同伴，怎么用行为赞美同伴，让孩子掌握赞美的不同方式。只要孩子掌握了正确的赞美方法，做到赞美有分寸，孩子就能做到游刃有余。

3. 家长言传身教

在生活中，对孩子多一点赞美，少一点挑剔、批评、指责。孩子受到家长的熏陶，自然而然就学会了赞美他人，关心他人，体会他人的感受。

此外，家长也应善用童书绘本，因为绘本里有许多故事比喻，还有许多人物角色，足以启发他们的同理心、同情、怜悯与爱心，比讲道理更容易培养孩子温柔关怀的能力。

打动人最好的方式就是真诚的欣赏和善意的赞许。嘴甜的孩子最好命。从小就懂得赞美他人的孩子，不但能赢得他人的喜爱，还能得到善意的回报，因此也能获得更多发展的空间与成功的机遇。

让我们努力把孩子培养成一个懂得赞美他人，且能得到他人赞美的人吧！只要我们的孩子懂得在生活中留心观察，真诚赞美，虚心学习他人的长处，就能收获友谊、收获自信，快乐、幸福地成长！一个善于把赞美献给他人的孩子，一定是一个时刻快乐、幸福的人。

培养孩子守时观念

守时既是信用的礼节，公共关系的首环，也是一个人做人的最基本的要求。它不仅体现出一个人对人、对事的态度，更体现出这个人的道德修养。对于不守时的人来说，浪费的不仅仅是自己的时间和生命，同时也是在消耗着别人的时间和生命。

人在孩童时期，往往并不懂得守时的意义。

曾经有一位家长跟我抱怨，刚上一年级的孩子不遵守学校的时间规定，上课铃声响后许久还在外面玩。老师上课发现班里少了一个孩子，就停下满校园找他。有时是在学校超市找到，有时是在足球场找到，有时是在运动器材区找到。班主任数次打电话来告状，他训也训了，骂也骂了，就差动手打孩子，但是依然无济于事，孩子还是我行我素。

事实上，家长的吼叫训斥并不能让孩子明白遵守时间的意义。

守时其实是尊重别人的时间和尊重自己的时间。尊重别人的时间相当于尊重别人的人格、权利，尊重自己的时间则无疑是珍惜自己的生命。因此，守时的孩子在今后更容易获得他人的尊重。每一次的守时，都会给对方留下了良好的印象，从而为自己赢得一个又一个朋友。

不遵守时间的人，在浪费自己和别人宝贵时间的同时，也会失去朋友，有谁愿意和一个不懂得珍惜时间，不懂得尊重他人的人做朋友呢？

不守时只是一个表象，深层次的原因源于对时间的轻视和对别人的漠视，所以说，守时不单单是一个礼貌问题，更是一个人格问题。

守时是赢得信誉的保障。守时不仅能够帮助一个人赢得好名声，而且还能获得他人的信赖。依时守信，遵守时间的孩子，能让别人对自己有信心，他人会觉得这个孩子有责任感，懂得自我管理与约束，值得信赖。因此更愿把重任托付给他。这样，孩子便获得了他人的赏识与成功的机会。

所以说，守时是人际关系的信用契约，一个时间观念淡薄的人，又怎能高效率地与人合作呢？小事上不守时，大事上还能让人放心吗？

守时的孩子心态上更积极、更健康。因为守时，孩子获得老师的喜爱，同学的信赖，因此在心态上更加乐观积极，更有创造力，自信心也更强。反之，不守时的孩子是不受人们欢迎的。而且不守时还可能会造成孩子人际关系上的紧张。因为谁也不愿意老去等待一个对自己"怠慢"的人。

守时的孩子更容易形成不畏难的情绪，不论刮风下雨，他们都不找任何借口，总是依时守信，这样的孩子更有意志力，在今后也更容易战胜生活中的困难，这将有益于孩子一生。

总之，守时是一种美德、一种素质、一种涵养，是待人有礼貌的表现。德国民间就流传着这么一句话"准时是帝王的礼貌"。

然而，让人遗憾的是并不是每个人都懂得这一礼貌。在我们的生活中，不守时的现象比比皆是，如小时候上学迟到；长大后约会迟到、面试迟到、上班迟到等。这种不守时的行为不但给他人留下不好的印象，还可能影响到孩子的生活以及今后的发展道路，给孩子的人生留下不可估量的损失。所以，守时的习惯应该从小养成。

专家建议，要培养孩子守时的习惯，家长应从以下三个方面入手。

1. 为孩子做遵守时间的榜样

在为孩子制定作息制度的同时，父母也应对自己提出严格遵守时间的要求。不仅保证每天按时接送孩子，而且在工作、生活、言行等方面都尽量做遵守时间的榜样。平时，若答应孩子干什么或到什么地方，都要准时去做，决不拖延或改换时间。即使有特殊的情况，导致不遵守时间现象出现，一定要向孩子道歉，并说明原因，使孩子知道不是有意的。通过长期的教育和榜样行为的影响，孩子遵守时间的行为习惯不仅能得到发展和巩固，而且也使孩子初步懂得了遵守时间的重要性。

2.为孩子制定一份家庭作息表

为了培养孩子遵守时间的良好习惯，可专门为孩子制定一份家庭作息时间表。如早晨7点起床，8点准时进幼儿园，下午4点半时接孩子回家，晚上7点半前看电视，8点半前上床睡觉，保证孩子晚上有10个小时的睡眠时间。星期六、星期日，尽量做到与幼儿园保持一致，决不放松对孩子的要求。

3.培养孩子的时间意识，多给孩子讲讲守时的重要性

比如要想别人尊重自己就应该自己先真诚去尊重别人，尊重别人的时间。此外，还可以给孩子讲讲守时的故事，让孩子认识到守时的好处与不守时的危害等。以杜绝孩子不守时习惯的养成。

如果你的孩子在长期的生活过程中已经养成了一些不遵守时间的行为习惯，那么，就需要一定的时间去纠正了。如在执行家庭作息制度时，最初，孩子不能按照要求执行。如起床睡眠时间总是往后拖延，若催促便发脾气，甚至哭闹等。遇到此情况，父母不能妥协和宽容，而应在严格要求的基础上，对孩子进行耐心地说服诱导，必要时可采取命令的方式要求孩子。作息制度经长时间的严格执行后，孩子不遵守时间的坏习惯慢慢纠正了，逐渐形成了遵守时间的良好行为。

让孩子做一个守信用的人

俗话说"人无信不立，企业无信不长"。重诺言，守信用不仅体现着相互信任，而且也体现着道德教养。说话守信、说到做到不仅仅是一种美德，还是主事之根、为人之本，需要从小时培养起，从小事做起。

信用即契约。在现代社会中，无论是生产、交换，还是分配、消费，每一个环节都离不开信用。在人与人之间的交往和共处过程中，规定和秩序往往是靠守信来坚守的。不管是在哪一个时代或者哪一个社会，不管是在哪一个行业或者哪一个领域，不同的人都因为讲信用而得到不同的好处。比如生意人讲诚信会给他带来更多的财富；朋友之间讲诚信会让人得到更多的知心朋友；上级对下属讲诚信会赢得下属的信任……失信、失约也就意味着不仁不义、背信弃义。一个不守信用的人，不会有人与他合作。

如果孩子能从小养成守信用的好习惯，必定能为自己的人生铺垫更加平坦的道路，获得更多成功的机会！

生活中，常有家长抱怨，孩子不能说到做到，明明说好要去写作业的，但是作业还没有写完，只要一有"诱惑"就把自己的承诺忘得一干二净。答应爸爸妈妈的事情，只要不提醒，别想他们能够自觉去完成。常常是，家长吼一吼，孩子动一动，不吼就不动，这让很多家长感到身心俱疲。

但是，吼叫并不是解决问题的根本方法。凡事都有因果，如果想了解造成孩子不能"守信"的原因所在，家长要先追究一下自己的责任，自己的教育方式。到底是哪些原因造成孩子今天的言而无信呢？

第一，无信用意识和观念，不知道信用的重要性，不知道说到的事情一定要做到，才能得到别人的信任。这是因为家长缺乏正当的引导造成的，反正孩子如果做不到，家长就自己代劳嘛！

第二，家长的"榜样"作用。生活中，常有家长没有原则地答应孩子的要求，或者为了哄骗孩子做成某件事情承诺了一些很难办到的事情。孩子见大人总在骗自己，没有信守自己的承诺，自然觉得我也可以用同样的方式不守信用，骗爸爸妈妈了！

第三，孩子的依赖性过强，总期待别人的提醒，若不提醒，就容易忘记！实际上，这样的遗忘有些是无意的，有些却是故意的，故意抓住了家长的"缺点"，从而达到自己不守信的目的。

第四，不守信用已经成了一种不良的习惯。这就意味着，这种不良的习性在孩子身上已经根深蒂固了，家长前期没有好好引导、教育，导致孩子形成这样的品质问题，这是需要花很长时间去克服的。

那么，作为家长如何才能引导孩子成为一个守信的人呢？

1.给孩子树立诚信的榜样

父母作为孩子最直接、最贴近的老师，应该为孩子起到良好的榜样作用。要从自身做起，做一个诚实守信的人，用自己的言传身教来影响孩子。在日常生活中，一旦允诺给孩子什么，就要努力兑现。

曾子是我国著名的思想家。有一次，他的妻子要出门，儿子要跟着一起去。她觉得孩子跟着很不方便，想让孩子留在家里，于是对儿子说："好儿子，你别哭，你在家里等着，妈妈回来杀猪给你炖肉吃。"儿子听说有肉吃，就答应留在家里。曾子把这一切看在眼里，记在心里。

当曾子的妻子回到家时，看到曾子正在磨刀。就问曾子磨刀做什么。曾子说："杀猪给儿子炖肉吃。"妻子说："那只是说说哄孩子高兴的，怎么能当真呢？"

曾子语重心长地对妻子说："你要知道，孩子是欺骗不得的。如果父母说话不算数，孩子长大后就不会讲信用。"于是，曾子与妻子一起把猪杀了，给儿子做了香喷喷的炖肉吃。

在日常生活中，我们经常会听到妈妈这样警告孩子："如果你再撒谎，我就用针把你的嘴缝起来。"但有人问这位母亲："如果孩子真的撒谎了，你真会缝上他的嘴吗？"显然，这位妈妈对孩子说的话本身就是不现实的，用这种方式来教导孩子不要撒谎是非常不可取的。

要纠正孩子的不守信用行为，妈妈首先要做到言行一致。孩子的模仿能力很强，很容易受到某种行为的暗示。如果妈妈言行不一，不履行承诺，孩子就会受到暗示，跟着模仿。例如，妈妈如果答应了孩子星期天带他到公园去玩，就一定要去。如果临时有事，也要先考虑事情重不重要，若不重要，就要坚守诺言；如果事情确实比较重要，一定要向孩子说明情况，并争取以后补上去公园的活动。

2. 培养孩子树立诚信观

孩子的思想是单纯的，父母要给他们树立一种诚信为人的观念。教育他们与小伙伴交往要真心，对老师、父母不说假话，作业不抄袭，考试不作弊，对待他人要懂得"己所不欲，勿施于人"的道理，答应别人的事情就要做到，做不到就要道歉，接受惩罚。

3. 给予孩子充分的信任

父母尊重、信任孩子，孩子才会反过来更加尊重、信任父母，信任父母的孩子是不会说谎的，因此，和孩子相互信任，孩子说谎的原因就不存在了。

然而，在现实生活中，我们经常会看到这样的父母：他们要求孩子吃完饭在房间里学习半小时，结果却每隔五分钟进去看一下孩子是否在偷懒；他们要求孩子去买件东西，也总担心孩子会用多余的钱买零食吃。

父母们的这些行为，往往导致孩子用撒谎来对抗，而父母们却认为自己的怀疑是有根据的，这就更加滋长了孩子的不诚信。苏联伟大的教育家马卡连柯非常注意对孩子的信任，他认为，信任可以培养孩子的诚信。

有一次，马卡连柯派一个曾经是小偷的学生去几十里外取一笔数额不少的钱。这位学生由于曾经是小偷，在同学的眼中被视为另类，没人与他来往，他非常渴望得到信任。

接到马卡连柯的任务后，这位学生简直不敢相信这是真的，他问马卡连柯："校长，如果我取了钱不回来了，你会怎么办呀？"马卡连柯平静地回答："这怎么可能？我相信你是一个诚实的孩子，快去吧！"当这位学生把钱交给马卡连柯的时候，他要求马卡连柯再数一遍。马卡连柯却说："你数过了就行。"于是，随手把钱扔进了抽屉。

事后，这位学生是这样描述自己的心情的："当我带着钱在路上，一路上我在想，要是有人来袭击我，哪怕有十个人，或者更多，我也会像狼一样扑上去，用牙咬他们，撕他们，除非他们把我杀死！"

马卡连柯就是运用信任的方法培养了这位学生诚信的行为。因为，用信任才能换来诚信。

4. 从小对孩子进行诚实教育

在日常生活中，家长可以多向孩子讲一些诚实的故事，从小给孩子以正确的引导和教育，使孩子从小在潜移默化中认识到诚实的孩子受人喜欢，说谎的孩子不受人喜欢。

5. 通过实例让孩子明白诚信的重要性

进行诚信品质教育，家长需要借助实例、故事的形式讲给孩子听，让孩子明白诚信对一个人来说是非常重要的，不诚信会带来什么恶果，诚信会有什么收获。

在美国华盛顿州塔科马市，10岁的汉森正在与小朋友在家门口的空地上玩棒球。一不小心，汉森将球掷到了邻居的汽车上，把车窗玻璃打坏了。

其他小朋友见闯了祸，都吓得逃回了家。汉森呆呆地站立了一会儿，决定亲自登门承认错误。刚搬来的邻居原谅了汉森，但还是将这件事告诉了汉森的父母。当晚，汉森向父亲表示，他愿意用替人送报纸储蓄起来的钱赔偿邻居的损失。

第二天，汉森在父亲的陪同下，又一次去敲邻居家的门，表示自己愿意赔偿。邻居听了汉森的话，笑着说："好吧，你如此诚信，又愿意承担责任，我不但不怪罪于你，而且从心里佩服你，希望你经常到我家里来玩，我喜欢诚信的孩子。"

由此可见，诚信自有它的报偿。如果你的孩子付出诚信，他就会收获信赖；如果你的孩子付出虚伪，他就会得到欺骗。

6.注意提高孩子的认识水平

孩子有时表现出的不守信用的现象，是由于孩子对事物认识不清，总把希望、幻想当成现实存在的，因此容易造成孩子做出不守信用的事情。所以培养孩子面对现实，认清现实，减少对现实的夸大，这是减少一些不守信用现象发生的重要手段。

总之，在培养孩子做一个诚实守信的人的问题上，家长既要正确地言传身教，又要及时地鼓励帮助，还要注意做到尊重他、理解他，一如既往、满怀信心地爱他。只要家长的教育方法得当，孩子一定能够成为一个诚实守信、光明磊落的人。

第四章
不吼不叫，提高孩子学习成绩

常言道："不谈学习母慈子孝，一谈学习鸡飞狗跳。"

几乎每一位家长都十分在意孩子的学习成绩，不惜花重金请家教、聘名师，陪孩子写作业更是家常便饭。

于是我们常常看到这样的景象：家长在一旁，连吼带叫地辅导孩子做功课；孩子耷拉着脑袋心不在焉地应付了事。

面对父母的吼叫，孩子似乎已经产生免疫力，任你狂风暴雨，我自岿然不动。

作为家长应该明白，吼叫并不能帮助孩子提高学习成绩，真正有效的做法是帮助孩子养成良好的学习习惯。

激发孩子的求知欲

在生活中，很多家长都希望自己的孩子聪明上进、热爱学习。但现实是，不少孩子一上课就犯困，一写作业就发愁，一提到学习就头疼，更有甚者到了旷课、逃学的地步。

往往是，不谈学习母慈子孝，一谈学习鸡飞狗跳。家长吼也吼了、叫也叫了、吵也吵了、骂也骂了，孩子还是不肯认真学习。为此，家长们苦恼不已，为什么孩子如此不爱学习呢？

其实，孩子之所以不爱学习，与其缺乏强烈的求知欲望是有很大关系的。张楠就是这样一个缺乏求知欲望，一提到学习就犯怵的孩子——

张楠是八年级的学生，上课时他总是心不在焉，老走神，无论听讲还是做作业，精神都很难集中。

课堂上，老师向他提出问题，他也总是一问三不知。班主任谢老师找他谈话，他告诉老师，自己实在没有学习的兴趣，隔壁的大哥不学习，照样赚大钱，我就不明白为什么非要学习。

老师告诉他，学习是为了求知识，跟赚钱是两码事。

可张楠却告诉老师："知识有什么用呢？知识能当饭吃吗？学了知识以后还不是要工作，要养家糊口。"

就这样，他们的谈话在匆匆忙忙之中结束了。

张楠之所以对学习兴趣缺缺，是因为他不曾感受到知识的魅力所在，没有体验到知识带来的快乐，更不知道学习的意义所在。要想让这样的孩子重新燃起学习的热情，作为家长，当务之急就是激发其内在的求知欲。求知欲是人们探索、了解未知事物的一种欲望，是人们学习知识的动力。它能使人坚持不懈地探究知识，努力地驱动自己求知的动力，自觉地、发自内心地去探求知识的宝库。

　　莱特兄弟小的时候，一天，父亲为兄弟俩买回来一个玩具，玩具上方有一个用橡皮筋做动力能够旋转的小木片，给木片加足动力后，玩具便会飞起来。

　　兄弟俩高兴极了，他们非常喜欢这个玩具。玩过之后，他们开始想，为什么这个玩具会飞，而别的玩具却飞不起来呢？奥秘在哪儿呢？于是，他们将小木片拆下来，安到别的玩具上，别的玩具也能飞起来，他们翻看着小木片，看不出有什么特殊，于是他们就自己做了几个小木片，安到玩具上，拉紧橡皮筋后，玩具也飞了起来。

　　从此，他们就对这方面产生了浓厚的兴趣。长大后，他们阅读了大量的书籍，做了大量的计算、设计、实验，最后终于制造出世界上第一架载人飞机。

　　一个小小的玩具使莱特兄弟发明了飞机，而那个飞行玩具的制造商却没有发明出飞机来，同样玩过这种玩具的人还有很多，他们也没有发明出飞机来，为什么呢？

　　一个主要的原因是莱特兄弟具有强烈的好奇心和求知欲。求知欲不仅使莱特兄弟发明了飞机，而且还造就了许多科学家和发明家。可以说，求知欲是发明创造的起点，是孩子学习进步的内驱力。

孩子的未来不可能是工作的一生，但却注定是求知学习的一生。父母和老师不可能，也没有能力为孩子灌输受用一生的知识，但却可以培养他们的求知欲，启发他们的求知欲，让孩子自觉地发自内心地去探求知识的宝库，适应快节奏的现代生活。

那么，家长应如何发现和唤起孩子的求知欲呢？

1. 开阔孩子的视野，激发求知欲

家长可以经常有意识地引导孩子到大自然中观察日月星辰、山川河流。比如春天可带孩子去观察小树以及其他植物的生长情况；夏天带孩子去游泳、爬山；秋天带他们去观察树叶的变化；冬天又可引导他们去观察人们衣着的变化，看雪花纷飞的景象。孩子通过参加各种活动开阔了眼界，丰富了感性认识，提高了学习兴趣。家长最好还能指导他们参加一些实践，如让孩子自己收集各种种子、做发芽的试验、栽种盆花，也可饲养小动物。随着孩子年龄的增长，可以启发他们把看到的、听到的画出来，并鼓励他们阅读有关图书，学会提出问题，学会到书中找答案。这样不但可以满足孩子的好奇心，还可以激发孩子的求知欲。

2. 和孩子交朋友

家长与孩子建立和谐、融洽的亲子关系和朋友关系，使孩子敢于在家长面前敞开心扉，无拘无束、毫无保留地把内心世界展示出来，家长才能真正地透过孩子的表情、眼神、姿态、动作来窥探孩子内心的秘密，知道他想些什么、干些什么以及为什么这样想、这样干。家长的首要任务就是要不断培养孩子的创造性。

3. 把孩子引进书的世界

书是孩子认识、了解世界的一个重要的窗口，家长在引导孩子通过这个窗口认识世界时，应选择符合孩子兴趣爱好的书，以培养孩子对书的兴趣。在此过程中，家长千万不可操之过急，否则只能引起孩子对书的厌恶。

4. 用表扬唤起孩子的求知欲

任何人都需要鼓励，需要表扬。在教育孩子的过程中，应经常为孩子提供或创造获得成功的机会。诸如提些简单的问题让孩子思考，安排些力所能及的活动让孩子操作，使孩子从中体验成功的欢乐。对于孩子的成绩，家长一定要看到。只要有进步，就要给以肯定、鼓励和表扬，这样就能激发孩子更大的热情。

当孩子自然而然地将求知视为一种追求与习惯的时候，家长想制止孩子学习与探索都难。对于每个孩子来说，具备了求知的习惯，就等于在成功的路上迈出了一大步。这样的孩子，还有什么能阻碍其进步与成功呢？

让孩子树立明确的学习目标

潜能大师博恩·崔西就曾说过："成功等于目标，其他都是这句话的注释。"对于任何一个人来说，做事情有计划、有目标，必然事半功倍。反之，就必定如无头的苍蝇一样毫无头绪，也找不到做事情的动力。

20世纪80年代，有个日本的马拉松选手，其貌不扬，他代表日本参加1984年的东京国际马拉松比赛，很多观众都不看好他。但是就是这个其貌不扬，而且不为人所熟悉的人夺得了当年的马拉松冠军，他就是后来闻名世界的日本选手——山田本一。

有一个记者问他："你觉得你能够夺冠的秘密是什么？"生性腼腆的山田本一说出了他夺冠的秘密："没有什么秘密。当我比赛前，我都会把比赛的路线仔细研究好，然后亲自在路线上走一遍，把路线经过的每一个标志性的建筑都记下来，这样，我就可以给自己的比赛做几个小的目标，比如，路线经过一家银行，我就可以用百米的速度，先跑到这家银行，然后，再用普通的速度跑到第二个目标……这样，我一个目标一个目标地跑下去，按照目标跑到终点，不会感觉终点遥远，并一步一步走向成功。"

其实，学习也像比赛一样，需要有一定的目标。没有目标，孩子在学习的过程中就会像航海时没有灯塔一样，很容易迷失方向。相反，如果他们有了明确的学习目标，就很容易获得较好的成绩。一般来说，那些学习成绩好的孩子，其学习的计划性都很强，学习的目标也很明确，正因为有目标、懂计划，所以，他们比那些缺乏目标的孩子更容易获得成功。

作为家长，要想孩子取得较好的成绩，保持较好的学习状态，就应该引导孩子制订可行的学习计划、确定某一个奋斗的目标，并让孩子养成良好的习惯。让孩子学会制订计划、明确目标，孩子学习起来才会更有方向，才会带着目的去学习，学习起来才会更有动力，效率才会更高。而且，每当孩子实现一个目标后，也会增加他自身的成就感。培养孩子的目标习惯，家长可从以下四个方面入手。

1. 教孩子如何给自己定计划、目标

有一位聪明的妈妈，发现孩子在学习弹琴的时候总是没有计划，刚弹一会儿琴，不一会儿又去看动画片了。

有一天，妈妈对孩子说："你每天得弹半小时的钢琴，刚回家的时候弹也行，吃完晚饭弹也行，但是，弹的时候你不能半途而废，一定要弹足半小时。"孩子考虑了一下，因为晚饭前有一个他喜欢看的动画片要播放，于是他选择了吃完晚饭再弹。结果，他确定自己的计划后，居然一直执行得非常好。

过了一些日子，妈妈告诉他："你计划每天练习半个小时的钢琴这件事情做得很好，但是我不知道你打算用几天的时间把一首曲子弹得熟练呢？"

孩子想了想，很有把握地说："照我目前练习的情况来看，我觉得一周练习一首曲子，而且把曲子弹好是没有问题的。"

妈妈听了，欣慰地笑了。

事实上，这个孩子有了明确的目标与计划以后，学习与弹琴这两件事情都做得非常好。因为他懂得制订计划、确定目标的好处了。

2. 让孩子养成把计划和目标写在纸上的习惯

世界著名的哈佛大学，在1979年对应届毕业生做了一个调查报告。在调查中，他们询问在应届毕业生中有多少人有明确的人生目标，结果只有3%的人有明确的人生目标并且写在了日记本上。他们把这些人列为第一组；另外有13%的人在脑子里有人生目标但没有写在纸上，他们把这些人列为第二组；其余84%的人都没有明确的人生目标，他们的想法是完成毕业典礼后先去度假放松一下，这些人被列为第三组。

10年后，哈佛大学又对当初的毕业生做了一次新的调查，结果发现第二组的人，即那些有人生目标但没有写在纸上的毕业生，他们每个人的年平均收入是那些第三组没有人生目标毕业生的两倍。而第一组的人，即那些3%把明确人生目标写在日记本上的人，他们的年收入是第二组和第三组人的收入相加后的十倍。也就是说如果那97%的人加起来一年挣一千万美元，那么这3%的人加起来的年收入是一亿美元。

这个调查很清晰地表明，确定明确人生目标并写在纸上的重要性。白纸黑字，具有巨大的开发潜能的力量。如果你不把目标写下来，并且每天温习的话，它们很容易被遗忘，它们就不是真的目标，它们只是愿望而已。事实证明，写下自己目标的人比没有写下目标的人更容易成功。要制订一个详细达到目标的计划。如果没有一个切实可行的计划，你的目标只能是空中楼阁、海市蜃楼。

3. 教孩子按计划办事，实现自己预定的目标

在日常生活中，父母要向孩子强调计划的重要性，并给孩子的各项行为制订一些计划。当然，这些计划的制订应该让孩子参与进来，与父母一起来制订计划。

当计划制订了以后，孩子必须按计划办事，不能半途而废。对于年幼的孩子来讲，父母应该要求他们在玩的时候自己把玩具拿出来，玩完以后自己收好；看书做作业的时候要认真，写完以后才能去玩；做事还应该有责任心，自己把握做事的进度。

一位小学生做事非常磨蹭，本来没有多少作业，却非要拖到很晚，熬得妈妈又气又急。

有一次，妈妈想了一个办法。她跟儿子约定，做作业的时间只有半小时。然后，妈妈把闹钟上好，同时，儿子开始做作业。半小时一到，闹钟就响起来，儿子还差两道题目没做完。儿子向妈妈投来求助的眼神，但是，妈妈毫不犹豫地说："时间到了，你不要做了，睡觉吧。"

第二天，妈妈把儿子没做完作业的原因告诉了老师，老师也支持妈妈的方法。这天晚上，妈妈又上好了闹钟，儿子一开始做作业就很抓紧时间，效率明显提高，居然顺利地在半小时内做完了作业。

从这以后，儿子做作业的速度和质量都提高了。而且，做其他事情的时候，他都会有意识地给自己设定一个时限，有计划地去做了。

4. 告诉孩子在奋斗中要不断瞄准新的目标

家长是不是有过这样的经验：带孩子登山时，我们总会指着前面某一处说："加把劲爬到那里歇一会儿。"孩子一听此话就跃跃欲试，往往话音未落他们就勇往直前，直冲向目标。这就是目标的动力。学习同样需要有目标。

在孩子学习的过程中，在孩子每一次写作业、考试、比赛之前，家长都可以按照孩子的实际水平，给孩子制定一个可行的目标。这样，不但能提高孩子的学习效率，给孩子一定的学习动力，还能让孩子在学习的过程中体验到成功的快感！

除此之外，家长们在帮助孩子养成制定目标的习惯时还应该注意以下几点。

第一，尊重孩子的意见，目标是帮助孩子提高自己的，不要硬要求孩子做什么，要给孩子提出自己的想法和意见的空间，因为目标最终要靠孩子自己去实现。切忌把大人的想法强加给孩子。

第二，制定目标要符合孩子自己的条件，目标不可太低，也不要太高。太低激不起孩子斗志，太高孩子完成不了，影响自信心。

第三，在给孩子制定大的目标后，也要让孩子学会把大目标分解成许多个小目标，这样更利于孩子实现目标，鼓励孩子在分阶段去实现小目标的过程中完成大目标。

第四，制定了目标，就要坚持去实现。对孩子来说，坚持实现目标的恒心要比制定目标困难得多，所以，家长要多鼓励孩子，把目标制定下来后就要坚持下去，放弃目标意味着前功尽弃。

第五，制定目标也要富有一定的弹性，任何一成不变的学习目标和计划都是不科学的，也会被淘汰。随着年龄的增长，孩子的学习和生活情况也在发生着很大的变化，所以，制定的目标也要适时调整，让目标始终保持在合理的状态，这样也便于孩子更有信心去实现目标。

第六，制定了学习目标，也要给孩子留出休息娱乐的时间，目标项目太多，就会使孩子的发展单一化，所以，每天一定要给孩子留出玩耍的时间，让孩子有一片舒展的天空。

第七，家长还应该做到不要随意给孩子增加负担，比如孩子按照家长的要求在规定的时间内完成了作业，可家长不但没有因此鼓励孩子，还让孩子多做几道题再去玩。这样做的结果，只会让孩子觉得自己努力了反而会有更多的作业等着我，与其这样，不如边学边玩。

总之，孩子只有从小熟知目标的好处，养成确立目标、不达目标誓不罢休的好习惯，才能在人生的道路上突破一个又一个障碍，获取成功。

激发兴趣，让孩子主动学习

心理学研究表明，兴趣能驱使人接近自己所喜欢的对象，驱策人对事物进行钻研和探索，从事创新的、有趣的或个人爱好的事，乐此不疲，进而促使一个人取得成功。

兴趣对孩子的学习有着神奇的内驱作用，有兴趣才有渴求，有渴求才会主动积极地探索，独立地进行研究和分析，得出自己的结论，而不是在家长的逼迫下被动地接受书本知识。

兴趣能变无效为有效，化低效为高效。孩子只有对学习内容有足够的兴趣，才会产生强烈的探索欲望和饱满的情绪状态，才会自发地调动全部感观，积极、主动地参与到学习中去，学习就不再是枯燥的事情，学习效率就会提高，也才能取得较好的学习效果。可以说，学习兴趣是推进孩子进行自主学习的原动力。充分激发孩子的学习兴趣是家长培养孩子学习主动性的有效途径。

许多调查材料表明，对学习有浓厚兴趣、自觉性强的孩子，大都能专心听讲，注意力集中，认真做笔记，肯动脑筋，爱提问题，按时完成作业，主动阅读有关的课外书籍，并且有克服困难的顽强毅力。而那些漫无目标、缺乏学习兴趣的孩子，在学习上往往很被动，学习不专心，对待学习任务敷衍了事，遇到困难易产生消极、畏难情绪，把学习看成一种负担。

培养孩子的学习兴趣，可从以下几方面着手。

1. 家长言传身教

家长的学习兴趣对孩子有着潜移默化的影响。比如很多音乐世家、书香门第都是这样产生的。实际上，兴趣教育比强迫孩子去做家长自己都不感兴趣的事情更容易，效果也好得多，所以培养孩子的学习兴趣，家长的言传身教是非常重要的。

所谓"言传"就是家长尽可能早地读书给孩子听，会弹琴的家长在孩子面前弹琴，会习字画画的，就多在孩子面前展示自己的学习成果，交流自己的学习心得，等等。孩子在耳濡目染的情况下，慢慢体会到了"学习"的魅力所在，慢慢也就有兴趣了。

2. 为孩子创造一个愉悦的学习环境

例如，孩子一般都爱听故事，不管是老师或父母讲故事，还是广播电台或电视台播放故事，孩子们总是专心致志地听，特别是绘声绘色地讲故事最能吸引他们。当你讲小人书中的故事时，你会发现孩子常常是一边听一边很想认识书上的字，这种主动要求学习的精神是非常可贵的。父母可以利用这一时机因势利导，适当教孩子认认字，不要求孩子写，更不要求孩子记这些字，只要他们能认识，能把一个小故事读下来就行。孩子听得多了，读得多了，自然而然地也就掌握了这些字。总有一天，父母会发现，孩子已经能很连贯地把书上的故事读出来。当孩子在阅读课外书刊时，家长可利用读物内容，作为与孩子对话的内容。这样，孩子在一个宽松愉悦的学习环境中，可以不时地受到启迪，并逐步养成主动学习、主动探索知识的兴趣与习惯。再者，给孩子一个安静的学习环境。孩子学习时父母不要一会儿送水果，一会儿又与他说话，打断孩子的思路。最后，让孩子多与爱学习的小朋友接触，受其影响，对学习产生兴趣。

3. 让孩子从学习中寻找快乐

学习若能给孩子带来快乐，那么孩子一定会喜欢学习，年龄越小的孩子，学习兴趣越是以直接兴趣为主。例如，有的孩子喜欢画画，可能是他乐意用五彩的蜡笔在纸上涂抹，看着五彩的线条在纸上延伸、扩展，他的思维、想象也跟着任意遨游、旋转；也可能是老师经常表扬他，虽然他画得并不怎么样。那么，怎样才能使学习变为快乐的事呢？

首先，多表扬，少批评。要善于发现每个孩子的优点。有些家长开口闭口就是"这么简单都不会，光知道玩"，本是恨铁不成钢，却不知"好钢"已在批评中钝化了，日久天长孩子总觉得自己很差，总有错，在学习中有压抑感，于是厌恶学习。这种做法是不对的。

其次，使孩子一开始就有成功的体验。每一门学科都有它自己的特点，里面都蕴藏着无穷的奥妙和无尽的乐趣。家长要尽可能地引导孩子掌握知识，每当孩子弄清一个问题或者懂得一个道理的时候，家长要懂得与孩子一起分享这种快乐的感觉，这样既能增强了孩子的自信心，使孩子有探索的积极性，又能让孩子产生学习的兴趣。

最后，家长应该指导孩子读书。父母和孩子一起学习，当孩子解答出难题后，与孩子分享快乐；当孩子不懂时，与孩子共同探讨。这也能让孩子觉得学习是件愉快的事。另外，家长的情绪、学习的环境等也能影响孩子学习的情绪体验。

4.发展孩子多方面的兴趣

一些孩子由于受家庭和周围环境的影响，在三岁左右就开始对画画或乐器产生兴趣。特别是孩子进入幼儿园以后，在老师的引导下，他们的兴趣爱好出现了第一次飞跃。最先使孩子产生兴趣的一般是画画、唱歌和表演，当然这些都是模仿性的。对钢琴、电子琴、手风琴的兴趣都可以在幼儿期唤起，这时不是要求孩子能达到什么水平，而是以唤起他们对各种乐器的兴趣为主。下棋更是如此，很小的孩子就喜欢跟大人下棋，当然更喜欢和小朋友们一起下游戏棋。父母只要做有心人，为孩子们提供一些条件，准备一些简单的器具，多给孩子讲讲自己的见闻，多与孩子一起玩，孩子多种学习兴趣就会逐渐培养起来。

5.积极鼓励、适当引导

在学习的过程中，孩子所取得的每一点成绩，不管家长还是老师，都应该积极采用多种形式给予适当的鼓励，让他们获得一种被人承认、被人接受的感觉。水滴石穿，量的积累达到了一定程度，就会发生质的变化。同样，鼓励这个助推剂，积累到了一定的程度也会收到意想不到的效果。孩子对某一问题、某一学科的兴趣也就在这一次次的鼓励中得以形成，得以发展。但另一方面，我们也应该看到，孩子接受新事物的能力比较强，世间的万事万物都能引起他们的兴趣，而他们由于生活阅历的欠缺，对真善美、假恶丑的分辨能力有限，不良的学习兴趣和学习习惯也会乘虚而入。这时候，作为家长或老师，就应该适当地加以引导，告诉他们哪些是对的、哪些是错的，哪些该做、哪些不该做。

6.挑战困难循序渐进

学习是个循序渐进的过程，对学习既要知难而进，又要做到从易到难。在学习中遇到困难是很正常的现象，关键是要处理好它。有的孩子喜欢向困难挑战，在战胜困难时感到其乐无穷，这样就形成了自己的学习兴趣；有的孩子不喜欢困难重重的感觉，家长便可以引导他们在学习中选择从易到难的方法，不要急于求成，让孩子在每前进一步中都体会到一种成就感，这同样也能培养他们学习的兴趣。

总之，每个孩子对知识的学习和掌握，都是被兴趣牵引着一步一步地实现的。作为父母，应当珍惜孩子求知的兴趣，并积极地给予保护和鼓励，从小引导孩子在自主求知中快乐学习。既要顺其自然正确地培养孩子的学习兴趣，同时又要循序渐进，正确引导。这样，就可以收到很好的效果。

点燃孩子学习的热情

每个人体内都有非凡的潜力，都有一座奔涌澎湃的火山，这座火山一旦喷发，人生将会因此更加绚烂多姿。这一非凡潜力的激发需要的正是热情。

热情是成功的发动机、潜能的触发器，孩子学习成绩的好坏，往往取决于对学习的热情程度，一个拥有学习热情的孩子能做到废寝忘食地学习，即使在嘈杂混乱的环境中，也可以全身心专注于自己的学业，从而最大限度地提高学习效率，取得更好的成绩。在热情的支配下，孩子会主动约束自己不利于目标实现的各种不良习惯，以积极的心态面对未来，以不屈的努力克服各种困难，以顽强的意志将奋斗坚持到底，直到目标实现为止。在有学习热情孩子的面前，永远有一个看得见的靶子。

1. 孩子不爱学习的原因

在生活中，有很多孩子对学习缺乏热情，对他们而言，学习就像吃药，苦不堪言，只要一提到学习，他们就情不自禁地皱起了眉头。在学习时，这些缺乏学习热情的孩子很难将注意力集中在所学的内容上，正因为如此，他们的学习成绩比较差。孩子具有这种不思进取的个性，可能有先天的因素，但更多的是由后天环境的影响造成的。

归纳起来，造成孩子缺乏学习热情的原因有以下三点。

（1）愿望太容易得到满足

如今的孩子生活条件优越，想要什么很轻易就能得到，因此很多孩子看起来对什么都不在乎，成绩一般没关系，对班干部竞选没兴趣，比赛得不了名次也无所谓。

（2）缺乏学习的动力

孩子没有学习动力，缺乏学习热情，把学习看成一件苦差事。在学习中没有目标，得过且过，其学习行为完全是一种被动的应付。表现在方法上，必然会死记硬背、投机取巧，没有计划。一个丧失学习动机的孩子，在学习上一定无精打采。

（3）孩子缺乏上进心主要还是跟家庭教育有关

爸爸妈妈本身缺乏上进心，工作不思进取，生活上平平庸庸，更忽视孩子情感与智力方面的需要，对孩子没有明确的行为指导和要求，平时极少和孩子谈话、游戏、讲故事，压抑了孩子的上进心。另外有些孩子则因为年龄较小，生性好玩，不能对自己做出正确评价，不能自我调节、自我监督，因此，不能自我教育、自我激励。

美国教育学家布卢姆说过："一个带着积极的情感学习课程

的孩子，比那些缺乏热情、乐趣和兴趣的孩子或者比那些对学习材料感到焦虑和恐惧的孩子，学习更加轻松，更加迅速。"作为家长，我们有责任让孩子热爱学习，并把学习的热情保持终身。但就如何去激发孩子却没有定式，针对每个孩子个性与特点的不同，家长应因材施教，以最大限度地发挥孩子的能量。

2. 家长如何激发孩子学习热情

教育学家经过长期的分析、观察得到，一个优秀的家长，同时也是优秀的导师，他必能在家长与师长之间巧妙地互换角色，从而在不知不觉中激励着孩子不断进步。具体来说，一个优秀的家长在激发孩子的学习热情时，应该做到以下四点。

（1）和孩子讨论将来，激发孩子学习的热情

每个孩子，都会有对自己未来的憧憬。做父母的，不妨让孩子充分发表他们对将来的希望，不管是多么不切实际的想法。父母和孩子一起讨论为了实现自己的理想需要具备哪些知识，让孩子了解，为了自己的将来，目前辛苦读书是必要的，从而激发孩子学习的积极性。

没有哪个孩子自甘落后和不求上进，几乎所有的孩子都希望自己在学习上出类拔萃，只是因为种种原因造成了他们暂时的落后。一旦找到了对症的方法，每个孩子的学习愿望被强烈引发之后，他的进步也许会出人意料。

（2）正面引导，提出目标，激发孩子的学习热情，强化孩子的进取心

孩子的进取心大多是由外在的要求进而转化为自己的愿望的。因此，目标教育是必需的。目标可以树立孩子的雄心，雄心可以引导孩子的追求，拿破仑的名言"不想当元帅的士兵不是好

士兵"，实际上是有激励作用的。

应该注意的是，短期目标应按照孩子的能力来定，长远目标是明天的，短期目标则是今天的。目标定得太高实现不了时，会挫伤孩子的积极性，从而也影响上进心。

最恰当的短期目标是稍微高于学生的能力，让学生经过努力能达到的目标。例如，学生过去一直考 15~20 名，那么短期目标可以定在考到 10~15 名之间。

（3）做孩子的榜样，父母自己积极进取

人们常说孩子把父母当作一面镜子，对父母的一言一行、一举一动都会有意无意地去模仿。因此，家长要培养孩子的求知欲，自己必须先做出样子，这是教育孩子的一条捷径。

清华大学的一位教师，是中专毕业考取清华研究生之后留校的。短短一年的时间便被评为副教授，带研究生，主持系里的工作，负责大型研究课题，完成多部著作。在他的积极进取的精神的影响下，他的儿子也勤奋好学，积极上进，不仅文化课优良，而且音体美全面发展。

究其原因，智力因素固然是一个方面，可是爸爸、妈妈的榜样力量也是无穷的。如爸爸在那么忙的情况下，还在职去北京大学攻读博士，妈妈当班主任同时也在读研究生课程。当爸爸、妈妈坐在计算机前写作，当爸爸、妈妈在一次一次接待学术来访人员时，这就给了孩子无声的召唤。

（4）对孩子进行危机、挫折教育

日本非常重视对小孩子进行危机感教育，让孩子从小就知道，日本地少人多，资源缺乏，只有靠人，靠高素质的人，否则就没饭吃，就没水喝。

在 20 世纪五六十年代，我国如果没有危机感，就不会那么快地制造出原子弹、氢弹，就不会有人造卫星上天。对孩子也是这样，没有危机感，躺在安乐窝中是难以激发出强烈的上进心的。

让孩子养成专注的学习习惯

有不少孩子从上学开始，家长们就不断地接到老师的反馈：上课 10 分钟后，就开始动、说话，或上课走神，不听讲；不知上课讲的是什么，不知所留作业；有的孩子虽然看似安安静静地坐在那里做功课，但实际上却在神游四方，心不在焉；作业中掉字、错字、错符号，抄错得数；读书时，错字、丢字很多；考试中，看错题，丢题。孩子回到家，学习时也非常不专心，一会儿看看电视，一会儿喝口水，一会儿又要上厕所，总之不磨蹭上几个小时作业是做不完的……

很多家长都会在老师反馈后对孩子大发雷霆，轻则吼叫训斥，重则巴掌伺候。但是，批评过后孩子依然故我，毫无改进。

那么应该如何培养孩子专注的习惯呢？要培养孩子良好的专注习惯，需要家长们从以下几个方面做起。

1. 专注力的培养应在一个独立、安静的环境中进行

孩子的注意力与周围的环境关系密切。一个独立、安静的学习环境，能让孩子很快做到"入境""入静"，而只有做到"入境""入静"，孩子才能够目的明确、思想集中、踏踏实实地学习，并取得良好的学习成效。相反，如果孩子的学习环境混乱嘈杂，就很容易给他造成心理干扰、情绪压力，使其产生焦虑、厌烦、不安等心态，导致他们无法安心地学习。同样，这样的环境不利

于孩子专注习惯的养成。

2.培养孩子的自制力

孩子专注的习惯建立在自我控制能力上，因此家长应培养孩子的自控能力。

培养孩子的自我控制能力可以在日常生活中有计划地进行。应从帮助孩子控制外部行为做起，要求孩子在一段时间内专心做一件事，不要一会儿干这，一会儿干那（如不要边吃饭边玩）；看书、绘画时要保持正确姿势，不乱动、不乱摸。还可以让孩子通过某项专门训练，如练琴、书法、绘画来培养自制力。训练时最好固定时间、固定地点进行，因为这样可以形成心理活动定向，即每当孩子在习惯了的时间和地点坐下时，精神便条件反射地集中起来。

还可以用奖励的办法鼓励孩子提高自制力。例如，一个平时写字总是拖拖拉拉、漫不经心的孩子，如果你许诺他认真写字，按时完成任务之后就送一件他一直想得到的礼物，他一定会安下心来，集中注意力认真地写字。

3.孩子要在规定的时间内完成作业

如果父母要求孩子在一定的时间内完成家庭作业，孩子就会按照父母的要求在规定的时间内完成。在这一限定的时间内，他就会集中注意力，努力认真地完成作业。

研究表明：不同年龄段的孩子的注意力稳定时间是不一样的。一般来说，5~10岁的孩子能集中注意力20分钟左右；10~12岁的孩子能集中注意力25分钟左右；12岁以上的孩子可以集中注意力半小时以上。可见，如果让一个10岁的孩子坐在那里60分钟，去专注地完成作业几乎是不可能的。要根据孩子的年龄特征，给孩子安排合理的时间，让孩子在适当的时间内集中注意力，以保证完成作业或学习任务。

如果父母给孩子布置的作业过多，超过了孩子注意力稳定的时间，应该让孩子一部分一部分地完成，使孩子的学习有张有弛，这样有利于孩子集中注意力，提高学习效率。如果父母不允许孩子中途休息，长时间地让孩子做作业，甚至坐在孩子的旁边监督，还唠叨不停，就容易使孩子产生抵触心理，从而失去学习的兴趣，注意力也就不能集中。

4. 在兴趣中培养孩子的注意力

兴趣是最好的老师，不管谁在做自己感兴趣的事情时，都会很投入、很专心，孩子也是如此。对于孩子来说，他的注意力在一定程度上直接受其兴趣和情绪的控制。因此，我们应该注意把培养孩子广泛的兴趣与培养注意力结合起来。

培养孩子的兴趣，要采取诱导的方式去激发。还可以利用孩子喜欢故事的特点，给孩子买一些有文字提示的图画故事书。让孩子一边听故事一边看书，并且告诉他这些好听的故事都是用书中的文字编写的，引发孩子识字的兴趣。然后，教孩子认一些简单的字，从而使孩子的注意力在有趣的识字活动中得到培养。

5. 教给孩子专注的方法

刘炜的爸爸听老师说，刘炜在上课的时候经常精神溜号，很多时候，老师问他问题他都答非所问。为此，爸爸给刘炜下了死命令，要求他上课的时候必须全神贯注，具体地讲就是：

第一，眼睛盯着老师。老师的动作、老师的板书、老师的推导和演算过程，一样都不许落下。

第二，耳朵跟着老师。老师突出的重点、讲解的难点、强调的细节都必须听清楚，弄明白。

第三，笔头要跟上。听课时的一些要点、联想、感受，甚至迸出的火花都要随手记下来，在书上也要有标注。

第四，集中注意力。要边看边听边琢磨，注意相关知识的联系，想得广一点、深一点，总结出规律和方法。

爸爸意味深长地对刘炜说："眼在、耳在、神在，那才叫上课。"

刘炜按照爸爸说的那样做，上课注意力集中以后，认真做作业，到期末考试，好像不用怎么复习，拿出课本和笔记本一翻，老师讲的都在眼前了。正因为如此，刘炜的学习成绩变得非常出色。

为此，刘炜深有感触地说："如果我的爸爸与其他人一样只会要求我'上课要集中精神，要听老师的话，考试要考100分'却不告诉我具体该怎么做，我想我必定也是一头雾水的。爸爸的高明就在于他告诉我，怎么做才是全神贯注的表现。而我按照爸爸说的做了，自然也就做到把注意力集中到学习上了。"刘炜的例子告诉我们，只有教给孩子专注的方法，孩子才能更好地执行，并使之成为一种习惯。

6. 多表扬孩子的进步

强化良好行为：当孩子出现一些良好的行为或比以前有进步的行为时，如做作业比以前集中，小动作比以前减少时，给予表扬、奖励。多注意孩子的长处，多表扬他的优点。

7. 家长以身作则

家长的言行举止、行为方式对孩子的成长起着举足轻重的示范作用。由此，家长要培养孩子专注的习惯，首先要从自身做起。如做事情的时候专心投入，玩的时候也尽情尽兴。家长的这些做法会给孩子留下很深的印象，并以此为做事的准则以遵循。

总之，孩子专注的习惯是在学习和生活中循序渐进，慢慢养成的。家长对孩子的要求要有个梯度，不能要求孩子一下子就能做到心无旁骛。如果孩子一时还不能达到自己的要求，家长应耐心引导，给予信任。只有经过长期的训练，孩子的注意之窗才能洒入更多阳光。

引导孩子用科学的方法学习

成功需要不竭的动力，更需要科学、正确的方法。正如法国数学家笛卡尔所说的："没有正确的方法，即使有眼睛的博学者也会像盲人一样盲目摸索。"

作为家长，要想自己的孩子获得优异的成绩，取得学习的成功，除了对他们提供一些必要的物质保证、精神和智力上的支持外，最重要的是帮助他们建立一套科学、正确的学习方法。对于孩子来说，掌握适合自身实际的、有效的学习方法，对于他们学习的成功和未来的成才，都有着极其深远的意义。

1. 科学的学习方法需要指导与训练

绝大多数孩子没有接受过专门的、系统的学习方法的指导与训练，对什么是科学的学习方法缺乏明确的认识，在学习中也不能自觉地加以运用。即使有的孩子掌握了一些有效的学习方法，也大都是走了很多弯路之后形成的，并且是零散的。科学的、系统的学习方法很难在学习中自然而然地形成，应该接受专门的指导与训练。因此，有条件的家长应该对孩子进行学习方法的指导。

2. 科学的学习方法还要求孩子制订明确的学习计划

制订计划也是培养孩子素质与能力的重要一环。在制订自己的计划过程中，孩子才会真正体会到自己的能力水平，才能全面考虑目标实现过程中会遇到的各种问题，也才能使自己的全盘统筹和宏观、微观调控的能力得到很好的锻炼。

帮助孩子确立目标和制订计划都必须是合乎实际的，脱离孩子的具体情况，要求他去追求完美或者追求一个根本不可能的目标都是不可取的。只有那些通过一定的努力就能实现的目标和孩子自己愿意照着做的计划才是科学的、合理的、可行的。

3. 让孩子养成课后复习和课前预习的习惯

作为家长应注意孩子对新旧知识的掌握情况，有计划有目的地指导孩子复习，并做好复习检查工作，培养孩子良好的复习习惯，使知识系统化、连贯化。孩子有了一定的自学能力后，即可指导孩子对即将学习的课程进行预习，这样教师讲课时，孩子就能有的放矢地突破重点、难点，有利于新知识的接受。

4. 让孩子学会抓重点和难点

学习方法不当的孩子，在看书和听课时，不善于找重点和难点，找不到学习上的突破口，眉毛胡子一把抓，全面出击，结果分散和浪费了时间与精力。而懂得抓重点、难点，效果显然就比较好。

5. 要求孩子花时间分析自己的学习内容的条理和意义，形成稳定的知识结构

知识结构是知识体系在学生头脑中的内化反映，也就是指知识经过学生输入、加工、储存过程而在头脑中形成的有序的组织状态。孩子能形成相应的知识结构，学习起来就比较轻松。

6. 让孩子学会科学利用时间

时间对每个人来说都是公平的，有的孩子能在有限的时间内，把自己的学习、生活安排得从容、稳妥。而有的孩子虽然忙忙碌碌，经常学到很晚，但实际效果不佳。所以，学会科学巧妙地利用时间很重要。

7. 让孩子学会科学用脑，保障充足的睡眠

根据科学机构的研究，人长期睡眠不足，就会造成脑供氧缺乏，损伤脑细胞，使脑功能下降。中学生要保证每天 9 小时的睡眠时间，小学生要保证每天 10 小时的睡眠时间。孩子如果睡眠不足，抵抗力会下降，学习成绩会受到很大影响。因此，家长要让孩子保障充足的睡眠，此外，还应该让孩子学会劳逸结合，转移大脑兴奋中心，这样才能让学习有效而且心情愉快。

正确的学习方法是孩子通往学习成功的"金桥"。每个家长如果都能在具体方法上有效地帮助孩子，而不要只是一味简单地督促孩子"勤奋学习"，相信孩子一定能取得优异的成绩。

第五章
不吼不叫，培养孩子积极上进

常常听到家长抱怨自己的孩子不求上进，任凭家长如何大骂"窝囊废""没出息""烂泥扶不上墙"，孩子就是不往心里去。

教育专家指出，面对孩子的这种情况，父母的吼叫训斥非但不能帮助孩子树立进取心，反而有可能让孩子更加懦弱，更加不自信。

父母需要做的，是用正面引导的方式，培养孩子的自信心，帮助孩子积极进取。

让孩子养成自信的习惯

一个人在人生的道路上能走多远，在人生的阶梯上能爬多高，在人生的战场上能取得多大成就，除了其他因素，最关键的因素就是他的自信心。

自信对孩子的发展有着巨大的作用。一个自信的孩子，在被失败或者挫折击倒以后，依然能够高举自信之剑，继续为成功打拼。在自信的驱使下，这些孩子敢于对自己提出更高的要求，并在失败中看到成功的希望，鼓励自己不断努力，从而获得最终的成功。

但是，许多家长平时习惯了对孩子大吼大叫，导致孩子自信心丧失，常常表现出柔弱、害羞、恐惧的心理，不敢面对新鲜事物，不敢主动与人交往，从而失去了很多学习和锻炼的机会，影响自身的发展。而且，长期缺乏自信会让孩子产生"无能"的感觉，产生自卑等不良心理，甚至可能自暴自弃、破罐破摔，那将是很可怕的。

帮助孩子树立信心，是每一位家长的责任。要帮助孩子树立自信心，家长可以从下面几个方面来努力。

1. 告诉孩子："你能行"

许多家长容易犯的错误就是事先假定孩子什么也不会做，什么也做不好，所以事事都会阻止他们自己做，都要替他们做好。殊不知，这么做的结果是使孩子慢慢地对自己失去信心，失去自己努力去探索、去追求、去锻炼的自觉性。这样，家长也忘记了只有通过各种锻炼和磨炼才能使孩子成为一个有用之人的道理。所以，要尽量避免这种先入为主的错误，用激励的办法去促使孩子主动做事情，而不是以年龄为由去阻止孩子做某件事情。

"你能做好"，这是家长大脑中首先要设定的一个前提。应该相信，孩子和大人一样也能把事情做好，孩子随时随地都应该学习生活的本领。虽然有成功也有失败，但不能因为失败而影响孩子自身的价值，关键在于孩子是否敢于尝试，敢于面对失败，同时他们的自尊心和自信心不会受到影响。所以应该鼓励孩子主动做事情，既不能打击孩子，也不要过分表扬，因为过分的表扬容易使孩子产生骄傲的情绪。总之，适当地对孩子进行鼓励和表扬，让孩子得到一种自我满足，增强自尊心和成就感，从而不断增强他的自信心。

2. 给孩子表现的机会

一个人只要体验一次成功的欢乐，便会激起追求无休止的成功的力量和信心。因此，引导孩子了解自己的长处和短处，就会扬长避短，增强信心。

如果家长能把握每个孩子的闪光点，点燃他的自尊心，打消他的自卑感，并以此激发孩子鼓足勇气，树立信心，就能促进孩子的全面发展。

3. 家长应把赞扬和鼓励作为教育孩子的主导方法

在儿童时代，孩子是通过自己身边的人特别是父母对自己的评价来认识自己的。因此，每个家长应注意，你的孩子是否自信，与你对他的评价有直接关系。

几乎每个家长都有这样的观念，教育孩子，就是不断地指出孩子的缺点和不足，对孩子的不正确行为提出批评。以为这样，孩子就会逐渐变好。事实上，这种做法是极端错误的。人是不会因为批评而变好的，家长平时对孩子只有批评，没有表扬，就会在孩子心目中不知不觉塑造起不佳的自我形象。所以，建议家长们，如果你希望自己的孩子有自信，不妨平心静气地坐下来，写下孩子值得欣赏的优点。比如，"很有爱心，对小动物很好""很有礼貌，会主动和朋友打招呼"等这些人格特质。如果要称赞孩子的学习表现，"学习很认真、负责""会自我督促念书"等就是很好的理由。多鼓励和肯定孩子，让他对自己有着合适的自信，会让他的情商、能力大幅度提高。

4. 帮助孩子体会成功

对孩子的要求如果太高，孩子就很难实现目标，就很难建立起信心。如果父母针对孩子的实际水平确立适当的标准，孩子就很容易取得成功。成功对于孩子来说，往往会产生意想不到的效果，孩子不仅会从不难获得的成功体验中获得充分的自信，还会取得更大的进步。

5. 适当夸大孩子的进步

孩子即使没有进步，家长也应该寻找机会进行鼓励。如果孩子确实有了进步，家长就应该及时夸奖他们"进步挺大"。这样一般都可以调动孩子心中的积极因素，促使孩子期望自己取得更大的进步，孩子就有可能取得"事半功倍"的奇效。

6. 帮助信心不足的孩子树立自信心

俗话说"笨鸟先飞"，"勤能补拙"。家长提前让孩子掌握一些必要的知识和技能，等到与同伴一起学习的时候，他就会感觉到"这很好学"，在别的孩子面前就会扬眉吐气，孩子可能比别的孩子还学得快，自然就会信心百倍了。

7. 避免拿别人的孩子跟自己的孩子比较

很多家长，为教育孩子，总是拿班上学习好的同学和自己的孩子比较，或拿自己单位同事的孩子和自己的孩子比较，试图让自己的孩子能够学习别人的孩子的优点或激发孩子的上进心。这种做法对孩子的成长是极为有害的。

首先，家长经常拿自己的孩子与别人的孩子进行比较，会让孩子产生我不如他人的感觉，这种感觉会让孩子看不起自己，感到泄气。

其次，家长经常拿自己的孩子与别人的孩子进行比较，还会让孩子产生嫉妒的情绪，当一个人把精力用在嫉妒别人时，他就没有足够的精力把自己的事情做好了。

最后，家长的比较即使可能激发起孩子向别的孩子学习的欲望，可是，盲目地学习别的孩子，会使你的孩子失掉自己的特点与个性，成为别的孩子的复制品。这样的孩子永远都难以赶上或超过别的孩子，从而产生劣等感，最终丧失自信心。

每个家长应该认识到，每个孩子都有他自己的独特长处和与众不同的个性，每个孩子只有从他自己实际的基础上发展，才能成才。家长的首要任务是帮助孩子找出他的长处，发展他的个性。

8. 正确对待孩子的失败与挫折

当孩子考试失败或遇到其他挫折，他们需要的绝对不是家长劈头盖脸的一顿训斥，或者阴阳怪气的嘲讽。他们也不需要家长无原则的安慰与同情。他们最需要的是他们生活中最重要的人的理解、支持与鼓励。

很多家长，在遇到孩子考试失败时，会因为"孩子给自己丢面子"而生气。在这种情绪的作用下，家长往往会失去理智地做出一些伤害孩子自尊心的行为，这对正承受失败打击的孩子来说，无疑是雪上加霜。因此，家长一定要正确、理智地对待孩子的失败与挫折，具体做法是：

第一，冷静地对待孩子的挫折与失败，心平气和地和孩子谈心，找出孩子失败的原因。

第二，理解孩子的心情与苦恼，让孩子知道，失败与挫折是人生必不可少的内容，是一个人成功之前必不可少的过程，并且作为父母，不会因为此事就减少对孩子的爱。

第三，鼓励孩子继续努力。父母必须首先对孩子有信心，孩子才能对自己产生信心。当父母满怀信心和热情地鼓励孩子时，会极大地激发孩子克服困难的勇气，恢复孩子的自信心。

激励孩子要勇于冒险

这是来自农村的一个三口之家，父母正在不声不响地吃饭。突然他们的"独根苗"宝贝儿子亮亮说："我今天找到了一个鸟窝。"母亲抬起头来，注视着儿子；父亲也聚精会神地听儿子说话。小亮亮很兴奋，眉飞色舞、绘声绘色地说："今天下午在我赶着老黄牛回家的路上，一抬头，忽然看见一只金翅雀从一棵大松树树冠里飞出来。我仰着脖子在浓密的树冠里搜寻了半天，终于发现在树顶高处的一根树杈上有一团乌黑的东西。那就是鸟窝！"儿子说到这里，年近不惑的父母眼睛里也露出了兴奋的神采。

小亮亮受到鼓舞，继续手舞足蹈地说："我就把牛拴在旁边的一棵杨树上，脱了鞋开始往松树上爬。大松树又粗又高，我身子紧紧贴在树皮上，慢慢地往上挪动，每挪一段都要分两次进行：先用胳膊抱住，接着两条腿尽量蜷曲，最后才停下来，四肢牢牢抓住坚硬的树干……就这样，一段一段地往上挪，用了很长的时间才爬上去。"

听着儿子的"历险记"，父母都惊呆了，但谁也没有吱声，依然一声不响地听儿子更精彩的描述："爬到树顶鸟窝周周，我探头一看，嗬，窝里只有一只鸟蛋。我腾出一只手，拿起那个可爱的鸟蛋，情不自禁地吻了它一下。奇怪，蛋壳碰到我的嘴唇时还有热气。突然从中间裂开了，探出一只羽毛还没有长全的金翅雀的头来。我小心地把它放到毛茸茸的鸟窝里，从树下滑下来。这时我的肚子咕咕直叫，就拉着牛回家了。"

如果你的孩子像小亮亮一样，为了找鸟蛋而爬上高高的树顶，或干出一些其他的冒险举动，你是否会找来一根藤条狠狠地教训他一顿呢？

的确，孩子也太胆大了，爬到高高的树顶上，如果刮来一阵风，树枝摇动，摔下来的危险随时可能发生，这还了得，不揍他一顿才怪呢！

但是，亮亮的父母并没有呵斥、惩处儿子，他们反而用静静的倾听表达了对儿子冒险行为的默许和认可。因为长期的生活经验告诉他们：孩子的成长过程中不可能一点危险都不发生。如果有谁拒绝任何危险，那就难以生活了。所以，对孩子自己做主的冒险行为多一些宽容，鼓励孩子适度地去冒险，有利于培养他们的勇敢精神和自立能力。

勇敢的品质对孩子一生的成功尤为重要。纵观历史，为什么有些人的人生道路越走越宽，而有的人越走越窄？为什么有的人会在失败中奋起，而有的人却在胜利即将来临时退却？因为上天偏爱勇敢的孩子，偏爱敢于冒险的孩子。一个勇于冒险，勇于接受挑战的孩子，往往敢说敢做、意志坚强、锐意进取、富于激情、敢于创新。在他们漫长的人生历程中，会以压倒一切的魄力和勇气去解决一切困难和阻力，争取事业的成功，创造人生的辉煌。

因此，当孩子大胆地去做一些有风险的事情时，父母应该宽容和鼓励。对于那些明显有些胆小的孩子，父母更应该给他们创造锻炼的机会，放手让他们大胆地去做一些力所能及的事，培养他们迎难而上的勇气。

要培养孩子勇敢的精神品质，建议家长做到下以四个方面。

1. 家长自己应该表现得很勇敢

如果大人遇到困难或带有危险个性的活动就害怕，很容易想象这样的家长会带出什么样的孩子。有时家长仅仅是为孩子的安危担忧，因此剥夺了孩子锻炼的机会。事实上这样做是很自私的。

2. 增长孩子的见识

孩子的胆识，不仅仅包括勇敢，而且还有智慧和谋略。因此，做个有胆有识的人必须以见识做基础。增长孩子的见识是培养孩子胆识的一个重要途径。

3. 培养孩子的闯劲

刘少奇说，对孩子，一是要管，二是要放。什么是管？不好好学习，品德不好，要管。什么叫放？吃苦耐劳的事情，经风雨见世面的事情，都要放手让孩子去干。这样可能要跌些跤，但只有这样才能使他们得到锻炼。孩子的胆识只有在现实生活中磨炼才能增长。如果孩子要去运动怕他摔着，要去游泳怕他淹着，要去探险怕他吓着，把他像笼中鸟一样关着，孩子哪儿来的胆识呢？

因此，当孩子们自己组织野炊、登山活动时，除了告诉他们应该注意一些危险情况外，父母应尽可能放手让他们去干，只有让孩子去闯，才能培养孩子战胜困难的勇气。

4. 鼓励孩子参加探险活动

英国人锻炼孩子勇气的重要办法是鼓励孩子参加探险活动。

英国西南部的瓦伊河畔，有一所少年探险训练中心，专为少年儿童提供探险活动的机会，以训练孩子们的勇气和坚强的意志。

孩子们每天一早离开营地来到河边，先由教练教授水中安全及救护方面的基本知识，然后小学员们练习登艇和划艇本领。登艇并非易事，每一次练习，都有孩子落入水中。划艇就更加困难，在激流中划艇要有很强的勇气和坚强的意志，尽管孩子们都穿着防水服和救生衣，但还是很危险。孩子们在这里不仅仅是学习划艇技术，更重要的是锻炼意志，培养勇敢精神，懂得互助互爱和团结协作。

英国人被称为"约翰牛"，意指英国人做事有一股坚韧的牛劲，既倔强又执着，这与该民族倡导的对孩子的勇气和意志的训练不无关系，是英国人性格形成的重要人文因素。

锻炼孩子的忍耐力

在生活中，我们经常见到这样的一幕：

练习钢琴时，头一两天，孩子还觉得比较有意思，但是，第三天，孩子就开始着急了。也许动画片开始了，也许小区里其他小朋友在游戏呢，我为什么要弹呢？这样一来，便想要放弃了。

于是，家长总忍不住对着孩子大声吼叫、训斥。

可以说，几乎每一个学钢琴的孩子，都曾不止一次地遭遇过父母的吼叫和训斥。

但是，家长的这种做法只是在发泄自己的不满情绪，对孩子性格的养成并没有什么好处。

要想让孩子成长、成才，家长就要从小培养孩子做事的耐心，培养其忍耐力。

要培养孩子的忍耐力，建议家长从以下几点具有方向性地指导孩子。

1. 家长自己要做好表率

家长自己要做事完整，有耐心，不半途而废，并注意让孩子模仿，同时经常提醒孩子注意家长做事是怎样忍耐、坚持的。

以前，大周在孩子学习时，经常陪着孩子一起做作业、写字。由于他不在孩子面前监督，孩子坐一会儿就要起来东走走、西看看，还经常写错题目，漏掉题目。他告诉他写作业或者看书要耐心，可是语言是苍白无力的。大周在孩子的房间时，他能安静地坐着耐心地看书写作业，一旦离开，孩子故态重萌，又开始"活跃起来"。

为了培养孩子的耐心，大周舍弃看电视的机会，天天督促孩子耐心学习，养成好习惯。只要孩子一出现浮躁的情绪，他就要求孩子学会克制，坚持下去。为了给孩子留出一定的弹性时间，大周给孩子规定学习的时间和在学校上一堂课的时间基本相当，甚至还少一些。如果孩子确实感到疲倦了，大周也劳逸结合，让孩子站起来活动活动，或者吃点点心、喝点水。时间一天天过去，现在，孩子升入三年级了，基本能耐心地对待学习和其他事情了，他的学习成绩也比以前进步不少。

2. 和孩子一起做耐力训练

要对孩子进行耐力培养，家长应先了解孩子的能力和性格。孩子平时是否脾气特别暴躁？情绪表现如何？在进行耐力培养过程中，家长不可对孩子期望过高，否则很容易引起冲突：家长可能会觉得孩子不听话，一时冲动，打骂孩子，最终只会破坏亲子关系。所以说，在培养孩子的耐性过程中，以身作则也十分重要。如果家长本身就是急性子，就很难培养孩子的耐性。

3. 父母要指导监督孩子做事

孩子做事的过程中，父母在关键时刻要给予指导和提示，这不是代替而是帮助孩子想办法，以防孩子碰到解决不了的问题时灰心丧气。当孩子想不出办法又不愿去想，有偷懒或依赖父母的迹象时，父母不可给予帮助，而应注意说服鼓励，必要时给以批评并监督孩子独立地做完某件事。这样长期坚持下去，孩子的能力提高了，习惯养成了，做事也不再半途而废了。

4. 游戏中锻炼专注力

专注力是忍耐力的基础，如果孩子的专注力好，自然容易有耐性。父母可多与孩子进行一些有助提高专注力的游戏，如"找不同""找出错"、拼图游戏，甚至简单的聆听故事，让小朋友集中注意力，长时间地专注做某一件事。

5. 与孩子"约法三章"

闹闹坐不住板凳，还没几分钟，他就觉得好像过了很长时间；而在写字时，只要练习题稍微多一些，他就开始马虎起来，比如，"酒"的右边明明是个"酉"字，他却匆匆忙忙地把"酉"里面的一横忘掉。为了督促孩子养成做事情耐心仔细的习惯，妈妈根据孩子的具体情况，对他约法三章，比如，要认真对待学习，不到 30 分钟，不许离开书桌，更不许摆弄与学习无关的玩具；写字时如果把字写得歪歪扭扭，就罚写两遍；如果老师或同学反映他上课不注意听讲，回到家，美味的食品奖励取消，他的"购买计划（买玩具、买书等）"也取消。如果他遵守规定，就允许他买一本书，或者给他买一件玩具。

孩子开始还以为妈妈和他闹着玩，有一次，抄写课后作业，他为了赶时间，争取第一个走出教室，不检查对错，应付了事，还把铅笔弄丢了一支。妈妈根据"规定"，一周的时间不给他买美味小食品、玩具以及他喜欢的图书。自从有了规定以后，孩子"有章可循"，妈妈也不再凭感觉教育孩子了。为了不断提醒孩子记住这些要求，妈妈把"约法三章"写在纸上，贴在孩子房间的书桌前，并认真督促孩子执行。在妈妈的严格要求下，孩子的心慢慢地静了下来，做什么事情都不再那么敷衍了事了。

6. 达到目标有奖赏

孩子拥有目标，做事自然有毅力。当孩子渴望得到某些东西，家长可要求他先达到某些目标，然后正面回报。例如，孩子为画一幅画付出了努力，就奖励他一件玩具。孩子愈大，要求也就可以更加复杂一点，最重要的是所定下的目标，必须是清楚、明确、合理的。此外，不妨善用"奖励卡"或"奖励贴纸"这些小道具，让孩子容易掌握自己的努力成果。

7. 父母让孩子做事时，应注意适合孩子的实际水平

如果过难，使孩子尽最大能力亦不能成功，他就会伤心失望。如果偶然一件事还不至于的话，那么连续几件这样的事就很可能使孩子不再去想，不愿去做，从而丧失自信心。给孩子一定的目标，训练孩子的意志力。

总之，忍耐力是一种纪律，更是一种境界。一个孩子如果做什么事情都缺乏忍耐力，总想一蹴而就，立竿见影，往往很难取得成功。只有懂得忍耐，孩子才能在人生路上少走一些不必要的弯路。

让孩子养成坚持不懈的习惯

有这样一个故事：

狂风暴雨过后，一只小小的蜘蛛艰难地爬着，目标是远处墙角里它那已经支离破碎的家——蜘蛛网。由于墙壁湿滑，它每次只要爬上一定的高度，总会掉下来。就这样，蜘蛛一次次地向上爬，一次次地掉下来……

终于，在失败了无数次之后，蜘蛛重新织出了一张漂亮且牢固的网！

这是一个让人深受启发的故事，一只小小的蜘蛛竟然有如此坚定的意志，坚持不懈，不达目的誓不罢休，最终取得成功。一只小小的蜘蛛都能知道坚持的可贵，更何况是我们人呢。

有人说，坚持不懈的毅力是理想实现的桥梁，是驶往成才的渡船，是攀上成功之巅的阶梯。

著名作家张海迪5岁时因患脊髓血管瘤，造成严重高位截瘫。20多年来，她用钢铁般的意志同疾病顽强斗争，刻苦学习，坚持不懈，努力进行文学创作，以坚忍不拔的毅力和锐意进取的精神，获得了吉林大学哲学硕士学位。此外，她还写出了《鸿雁快快飞》《轮椅上的梦》《生命的追问》和《绝顶》等优秀文学作品，被人们称为"中国当代的保尔"。

坚持力是一个人心理素质好坏和心理健康与否的标准之一，是孩子成功的重要因素。培养孩子的坚持力，对孩子今后的人生道路有很大的影响。所以父母一定要把培养孩子的坚持力作为培养孩子的重要途径。

很多孩子都有做事没耐心的毛病，刚开始大张旗鼓，还没到一半，就没有耐心了，就做不下去了，这种半途而废的现象非常普遍。

面对这种情况，很多家长会感到怒其不争，忍不住对孩子吼叫训斥。这种方式或许暂时有效，但并不能真正培养孩子坚持不懈的品质。

要培养孩子的"坚持力"，家长应该做到以下几个方面。

1. 通过身边小事让孩子养成做事坚持的习惯

在日常生活中，家长可以多利用身边的小事加强对孩子坚持力的培养。比如，让孩子学会自己叠被子，自己收拾自己的房间。刚开始，孩子也许会因为感觉新鲜而去做，但是过一段时间，孩子就会腻了，不想做了，这时候，父母就要督促孩子，让孩子用心去做，直到把一件事做完为止。要让孩子明白，坚持就是胜利。

为了让孩子的坚持力进一步提高，仅仅让孩子做一些生活中的小事是远远不够的，还要有意识地给孩子设置一些障碍，让孩子在克服困难中学会坚持，在克服困难中养成坚持的习惯。每一个人的坚持力都是在困难中磨炼出来的，越是在困难里长大的孩子，坚持力就越强。

2. 让孩子从克服小困难开始，善始善终

家长对孩子的要求要严，让孩子克服困难，做事善始善终，必须坚持到底，直到有效为止。如父母可以带着孩子坚持晨跑，持之以恒，久而久之，也会逐渐培养起孩子坚持不懈的品德。当孩子经过努力出色地完成一项工作后，家长要给予及时的表扬，强化孩子做事能坚持的好习惯。

3. 和孩子一道制定目标

家长应该指导和帮助孩子制定短期目标和长期目标，使孩子有努力方向。孩子心中有了目标，有了"盼头"，就会为实现目标而去努力，表现出坚毅、顽强和勇气。但定目标时必须注意以下三点。

第一，定的目标一定要具体、切实、可行。只要自己努力就可以达到。如每天跑200米或300米或500米，可依孩子的年龄与体力而定。定下的目标，必须是只要坚持就一定能做得到的。不要定那些诸如考试、比赛拿第几名之类的目标，因为名次不只决定于你自己，还有许多外在的不确定因素，别人的成绩不可能由你来把握。

第二，定目标前要与孩子商量。说明任务的艰难程度，让孩子真心接受，并对克服困难有足够的思想准备。商量时允许孩子提出自己的意见，并尽可能尊重孩子的意见，不可勉强，更不能强加给孩子。

第三，目标如果是合理的，那就应当要求孩子坚决执行，直到实现为止，不可迁就，更不能半途而废。

4. 引导孩子独立活动

家长应尽可能让孩子独立活动，如让孩子自己穿衣服，自己收拾玩具，自己完成作业，等等。孩子在进行这些活动时，要克服外部困难和内部障碍，正是在克服这些困难的过程中，使其意志得到锻炼。倘若孩子不能完成这些活动，也不必忙着去帮助，而应该"先等一会儿"，让他自己克服困难去解决。当他战胜了困难，达到了目的，会显示出一种经过努力终于胜利的满足感。在这个过程中，孩子克服困难的勇气和信心也就随之增强。

5. 让孩子学会自我控制

孩子的意志品质是在成人严格要求下养成的，也是他们在日常生活中经常自我控制的结果。家长应经常启发孩子加强自我控制。自我鼓励、自我禁止、自我命令及自我暗示等都是意志锻炼的好形式。比如，当孩子感到很难开始行动时，可让他自己数"三、二、一……"，或自己给自己下命令："大胆些！""不要怕！""再坚持一下！"等。

6. 提高孩子完成某一任务的信心

交给孩子任务时，要把任务交代具体，并提醒他在完成任务中可能会遇到的困难，让孩子有充分的思想准备；再教给其一些克服困难的方法，使孩子做到心中有数，以增强其完成任务的信心和勇气。

此外，家长还可根据孩子的特点，通过讲故事、看电影、参观烈士纪念馆、阅读书籍等，让孩子学习典型人物，启发自我教育，培养孩子坚忍不拔的毅力。

培养孩子责任意识

孩子在小的时候，往往并不会有责任意识。

有这样一个故事：兄弟俩玩闹的时候打碎了一只花瓶，为了逃避惩罚，哥哥说是弟弟打碎的，弟弟说是哥哥打碎的，两人争执不下。

为什么会出现这种情况呢？一个很大的原因就是，他们在上一次犯错的时候受到了父母的严厉惩罚，可能是被严厉地训斥了一顿，也可能是挨了一顿揍。所以，他们为了避免再次遭受惩罚，便选择了逃避责任。

在这种环境下成长的孩子容易丧失责任感。一个不负责任的孩子，未来怎么可能做出成就呢？

1. 为什么要培养孩子的责任感

要想你的孩子富有责任心，培养孩子的责任感是很重要的。

（1）责任感的培养有助于孩子理解、体谅别人，养成合群的好习惯

生活中的无数事实都证明，那些很会关心别人、很懂事，又有很强组织能力的孩子，往往都有很强的责任感。

（2）责任感的培养还有助于孩子摆脱以自我为中心，养成良好的自治、自理能力

一个有责任心的孩子，才会去努力，也才会有发展。有了责任心，孩子做事才会慎始而善终，不会因一点小挫折就产生懈怠的情绪，导致半途而废。或事事依赖家长，这对于培养孩子的独立性，具有举足轻重的作用。

2. 你的孩子为什么缺乏责任感

其实，每个孩子的成长都深深地烙印着家长教育的痕迹，孩子之所以没有责任心，与家庭教育有很大的关系。归纳起来，导致孩子养成不负责任的性格有以下几个方面的原因。

（1）家长们过度的代理控制和过分保护

家长们过度代理控制孩子，让孩子习惯于父母替自己做决定，没有为自己负责的意识；而家长们的过分保护同样让孩子因为缺乏锻炼，所以丧失了自己负责的能力。

（2）父母不良、消极的行为榜样的影响

孩子的责任心是从家庭的环境中来的，父母自己缺乏责任心，喜欢推卸责任，使孩子在缺乏责任心的环境中成长起来，他又怎么可能有责任心呢？

（3）孩子对责任心认识不清

对孩子来说，什么事情跟自己有关呢？比如作业认真完成，上课专心听讲，班上的值日要做好，家里自己能做的事情自己做，都是责任，如果没有完成好，就说明没有责任心。

3. 不吼不叫培养孩子责任感

要想你的孩子变得有担当，变得优秀起来，家长不能寄希望于通过吼叫的方式让孩子产生责任意识，而应该从小培养孩子的责任心。

如果你的孩子现在还缺乏责任感的意识，家长应采取恰当的方法，培养孩子勇于承担责任的习惯。

（1）让孩子学会自己的事自己做

要培养孩子的责任心，父母就要在孩子的学习、生活中纠正他的不良习惯，让孩子学会自己的事情自己做。

在生活上，妈妈应该让孩子明白，自己的事情就应该自己去做。如妈妈可以鼓励孩子自己洗小手绢、自己收拾书包、自己打扫房间。另外，妈妈还可以让孩子做一些力所能及的家务，如规定周末刷碗的工作由孩子负责，并从头到尾引导孩子把厨房打扫干净，以此来培养孩子的责任感。

在学习上，妈妈一开始就应该让孩子明白，学习并不是为家长学，而是孩子自己的事情。因此，在孩子做作业时，妈妈没有必要一直在孩子旁边陪着，要让孩子学会独立思考问题、独立解决问题。

（2）让孩子品尝挫折学会承担

孩子处于不断成长之中，对一些事情表现出没有责任感也是正常的，因为许多时候他不知道责任是什么，所以为了培养孩子的责任感，家长可以适当地让孩子体验一下办事情不负责任的后果，教孩子如何去面对并接受失败的教训，从中获得成长。

（3）给孩子一个好的榜样

孩子有对自己喜欢和崇拜的人进行模仿的心理倾向，而父母在小孩子心目中一般都具有绝对的权威。父母的言行举止对孩子的影响是深远的、巨大的。父母的一些所作所为，孩子是看在眼里、记在心上，长期的耳闻目染不由得孩子不受影响，父母只有在生活中严于律己，给孩子做好表率，才能更好地去影响和教育孩子。

（4）约定责任内容

家长应该和孩子约定责任的内容，让孩子明白该做什么、怎样做，否则将会受到哪些惩罚。孩子做事往往是凭兴趣的，要让孩子对某件事负责到底，必须清楚地告诉他做事的要求，并且与处罚联系在一起。要孩子才知道一个人是要对自己的行为负责的。

（5）不要让孩子逃避推卸责任

要培养孩子的责任感，家长应当要求孩子勇于对自己的言行负责，不论孩子有什么样的过失，只要他具备承担责任的能力，就要让他去勇敢地面对，不能让他逃避和推卸，更不能由大人出面解决。

在教育孩子的时候，一定要让孩子明白：每个人都应该为自己的行为负责，都要承担它的后果，无论好坏。这是父母在教育孩子时一定要着力培养的良好习惯。尤其是在集体活动中，孩子更要尽职尽责，做好自己的本职工作，否则就会给自己和大家带来麻烦。

（6）要求孩子做事有始有终

良好的责任心是要靠坚强的意志力和持之以恒的态度来维持的，而这恰恰是许多孩子所缺失的。孩子好奇心很强，兴趣爱好很广泛，但是缺乏坚持性、自制力，遇到一点困难和挫折就打退堂鼓，不愿意再坚持下去。这是孩子在成长中的问题，而非孩子没有责任心。因此，为了增强孩子的责任心，家长平时就应当注意培养孩子做事有始有终、负责到底的良好习惯。

（7）听取孩子对家庭生活的建议

经常和孩子讲讲家里的花销添置、人情来往，并请孩子谈谈自己的看法，或者请孩子出主意想办法。当父母经常聆听他们的意见、采纳他们的有价值的建议的时候，孩子对家庭的责任感就会在心中油然而生。

（8）家长适当示弱，能培养孩子的责任心

7岁的磊磊出门从来不用妈妈费心，磊磊妈妈不会像别的妈妈一样冲着顽皮的孩子大喊："慢点，看车！"有时，反倒是小磊磊像小大人一样拉着妈妈的手说："妈妈，我领着你。"生怕妈妈迷路和发生危险的样子。每次妈妈带磊磊去逛超市时，磊磊都会为妈妈拿购物篮，出来时还会帮妈妈拎东西。

邻居们就问磊磊妈妈："你是怎样教育孩子的，让孩子如此有责任感？"磊磊妈妈很自豪地说："我总会在小磊磊面前'示弱'，每次出门的时候，我会告诉他：'妈妈不认识回来的路，你回来时要给妈妈带路呀。'去购物时，我就会对他说：'妈妈力气很小，拿不动了。'他就会主动过来帮忙。每次回到家后，我都会向他的爸爸大大夸奖一番：'咱们家磊磊表现真不错，现在都是大男子汉了。'现在我们母子俩在一起，他就像一个小绅士一样照顾我。"

可见，有些时候，妈妈在孩子面前就应该表现得"弱"一点，给孩子一些表现自己"责任"的机会。当孩子的表现真的很不错时，妈妈要给予孩子积极的肯定。当孩子得到肯定和受到表扬时就能体会到成功的喜悦从而增强成功感和自豪感，养成一直负责到底的好习惯。

第六章
不吼不叫，改掉孩子浪费恶习

如今生活水平提高了，孩子从小生活在物质富足的环境中，难免养成奢侈浪费的恶习。

面对浪费成性的孩子，很多家长会忍不住吼叫训斥。但是，这并不能让孩子认识到自己的错误，反而有可能引发孩子的逆反心理。

作为家长，应该用正确的方式引导孩子去认识金钱，指导孩子合理消费，养成良好的消费习惯。

大手大脚贻害无穷

如今，许多孩子从小在高质量的物质生活中长大，也习惯了这样的生活水平，在大人的宠爱之下，养成了浪费、乱花钱的习惯。因对金钱缺乏意识，购买欲、占有欲强烈的孩子对"物质"的需求越来越膨胀，他们想要什么就要求家长必须买什么，在生活中、学校中经常跟别的孩子盲目攀比，这样很有可能养成孩子爱慕虚荣的性格。

有这样一个故事：

有一个男孩子因家境富有，爸爸妈妈宠爱，过惯了"奢侈"的生活，为了在同学面前有面子，他花钱如流水，动不动就请客吃饭。

后来，家里发生了意外事故，财产几乎损失精光。就在爸爸妈妈一筹莫展的时候，男孩却对爸爸说："爸，明天是我们班长的生日，他和我的关系特别好，给我 500 块钱，我请他到卡拉OK 包厢过生日。"

儿子的话，让他的爸爸大吃一惊。小小年纪，竟然要拿钱给同学过生日？爸爸对孩子说："儿子，咱家最近出了意外，你是知道的，爸爸哪有钱给你请同学过生日？再说，同学过生日，你为何非要请他到那种场所消费？"

男孩不以为然："我知道你最近没钱，可 500 块总拿得出吧？再说，请班长过生日，我是想让别的同学看看，我们哥们儿多酷多帅。"

听了男孩的回答，爸爸哀叹不已，面对家庭困境，当儿子的不仅不闻不问，而且还理直气壮地跟父亲要钱去消费。这只怪自己以前对孩子花钱不加控制，才导致孩子有这样的消费观念。

那天，为了给孩子一个教训，爸爸硬下心肠没有给男孩子钱，而且狠狠地训斥了孩子。

男孩没有得逞，在家里又哭又闹，最后连学校都不想去了。

因为怕同学嘲笑，男孩动了"偷"的心思，他趁爸爸妈妈不注意，偷了家里仅剩的 500 元钱跑出去给班长过生日。

看了这个故事，你也许是同样唏嘘不已，当家里的生活陷入困境时，作为家庭中的一员——孩子非但不能理解父母的苦衷，还依然贪图虚荣、讲究排场，为了所谓的"面子"，甚至偷钱给同学过生日，这样的情况是多么让人伤心的呀！可是，孩子之所以会有这样的不良行为，追根溯源，是家长忽视金钱教育，没有让孩子养成良好的消费习惯。等到孩子铺张浪费的恶习已经养成，父母再多的吼叫批评都没有用了。

1. 家长没有让孩子认识到金钱的价值

生活中，很多家长认为孩子还小，没有必要让孩子了解钱。因为他们没有给孩子认识"金钱价值"的机会，没有告诉孩子如何消费才算合理，导致许多孩子缺乏金钱概念，不能真正理解物质的价值与金钱的价值，更不知道金钱是通过辛苦的劳动才得到的。所以，花起钱来才会毫无节制。

2. 家长忌讳在孩子面前谈经济情况

许多家长认为不应该和孩子谈家庭的经济情况，尤其是一些家庭条件不是很好的父母，认为和孩子谈家庭状况，面子上过不去，而且会加重孩子的心理负担。

事实上，一些孩子了解了家庭状况后，反倒能替父母着想，控制自己花钱。家长也可以让孩子了解自己的工作，懂得劳动与收获之间的关系，这样才能使孩子热爱家庭，也热爱劳动。

3. 补偿孩子的缺失，让孩子无节制花钱

有一些家长因为太忙，没时间照顾孩子，出于一种补偿的心理，他们在孩子用钱上十分慷慨，无计划、无节制。无节制地给孩子物质满足只会让孩子滋生好逸恶劳、铺张浪费的恶习，却无法弥补孩子心灵的空虚！因为空虚，孩子只能借挥霍来满足自己的"需求"，导致内心的欲望无限制地膨胀。

4. 家长的不良习惯影响了孩子的金钱观

有些家长本身就铺张浪费，动不动就在家里请客，或者到大酒店吃饭。这无疑是告诉孩子，这种"慷慨的行为"是可取的。孩子能不有样学样吗？

正因为从小缺乏金钱教育，对金钱缺乏认识，导致许多孩子养成花钱大手大脚的习惯，因为他误认为只要是值得用钱的地方，就可以无限量地花钱。然而，在现实生活中，并没有人为他提供无穷无尽的钱，每个月的工资收入都是有限的。就算父母把所有的积蓄都送给孩子，也经不起孩子大手大脚铺张浪费，一旦有一天家长不能满足孩子过高的要求时，心理上的落差很可能造成孩子心理上的创伤。因为无法控制自己的贪婪，为了获取金钱，他们甚至可能会走上为"找钱"不顾一切的犯罪道路，从而走向堕落的深渊。

还有一些孩子，因为从小没有养成量入为出的习惯，长大以

后，他们不知道该如何控制花钱，这样，他们的生活常常陷入入不敷出的困境中。更为严重的是，当孩子成家后，如果双方花钱都是大手大脚，家庭生活就无法富有。如果一个人非常节约，另一个人挥金如土，家庭矛盾可想而知……

总之，大手大脚的消费恶习，只会给孩子带来无穷尽的危害，影响孩子人生的幸福指数。因此，要想避免你的孩子今后陷入金钱的旋涡中苦苦挣扎，家长需要从小培养孩子合理消费的观念。

教孩子学会合理使用金钱

事例一：

叶宏上小学三年级开始，妈妈每周都会给他一些作为零用钱。可是，叶宏的妈妈发现，叶宏并不懂得如何合理支配他的零用钱。他总会在周一、周二就把零用钱花光了，剩下的几天里，如果没有钱，他还会向妈妈索要。妈妈很无奈，不给孩子零用钱吧，其他孩子都有，自己的孩子没有，怕孩子心理不平衡；给孩子零用钱吧，可他又不懂得合理支配。为此，妈妈没少训斥孩子，可是依然无法让孩子改掉这个坏习惯，这该如何是好？

事例二：

左菲菲是小学六年级的学生，从小就有极强的理财能力。在她上小学五年级的时候，有一次，爸爸妈妈需要到外地出差，给她留了 300 元钱作为生活费。

左菲菲把钱分成了 4 份，每一份 75 元，为每一周的生活费。除去车费、点心费、每天买菜的费用，每一周，左菲菲都会把 75 元生活费里剩余的钱存储起来。

一个月过去了，左菲菲的爸爸妈妈回来了，他们发现自己的女儿不但把自己的生活安排得井井有条，而且还购买了她喜欢的头饰和一本《格林童话》，最重要的是，她的储蓄罐里还多出了 50 多元。左菲菲的爸爸妈妈很是欣慰。

专家认为，孩子上小学后，作为家长，定期支付孩子合理的零用钱是有必要的。但给了孩子零用钱，不等于说家长的任务就完成了，因为，引导孩子如何合理地、有计划地花钱同样重要。孩子只有学会了如何合理地花钱，才能懂得把钱花在刀刃上。

那么，家长应如何让孩子学会合理地使用钱呢？一般来说，要教会孩子学会合理消费，让孩子树立起正确的金钱责任感及价值观，家长应遵循以下准则。

1. 定期、准时发给孩子零花钱

定期性是教孩子们学习花钱规则的关键所在。给孩子零用钱时，家长要做到定期、定量，并告诉孩子在此期间每天花多少，如果提前花完了，就不会再给零花钱了，甚至会因为"上一次"的表现不佳，罚一部分的钱。孩子一旦认识到这一点，就会想办法把自己手头的金钱做一个统筹的安排，而不至于花钱无节制。一旦孩子出现故事中叶宏那样的情况，家长一定不能再无休止地满足他的愿望，只有这样，孩子才能吸取教训。

2.给孩子钱要有节制

无论孩子年龄多大，也无论你的经济条件如何，在给孩子零花钱方面，家长一定要有所节制，把钱的数额控制在孩子有能力支配的范围之内。

一般来说，零花钱的数额并没有一个定数，家长要根据孩子的日常消费来预算。这些开支大多包括买零食、午餐费、车费、购买学习必需品的费用。另外，父母还要给孩子一些额外的钱，也就是说，您给孩子的钱，要比预算宽裕一些，这样才能为孩子的存储创造可能性。

3.教孩子制定和执行预算

制定预算的目的是要让孩子懂得，花钱是要负责任的。在自己的收入范围内要保证自己始终有足够的钱，而避免那种因买太多想买的东西而无法付款的尴尬，方法就是做一个预算表，它是管好钱、有计划用钱的基础，也是避免孩子乱花钱的安全网。

由于孩子小，可以每周制定一次预算，列表时按下述四个步骤进行：

第一，列出每周从各种渠道获得的收入；

第二，列出每周必须花的钱；

第三，买东西之前，先列出清单；

第四，列出想要攒钱购买的东西。

4.让孩子控制自己的欲望

许多家长可能都有过这样的体会，每当带着孩子走进玩具店或者商店的时候，孩子总是会没完没了地要求家长买各种玩具和食品等。这时候，家长也不必什么都不买，给孩子一个选择的权利，能买其中一种，如果买了这个，其他的就不能买了。

5. 让孩子学会记账，这样能让孩子明白自己的钱花到哪里去了

家长在给孩子零用钱的时候，可以提出一个支出原则，让孩子及时记账，培养孩子记账的习惯。刚开始时，父母可以帮助孩子在领到零用钱时，先把未来一个周期所需要的花费记录下来，额外的支出也要随后一一记录。几个月后，家长不但可依这份资金流量表，检视孩子的消费倾向，了解他对金钱的价值与感受，万一发现偏差，也可以适时纠正。这样做，可提高孩子理智消费的能力。

6. 要教孩子一些少花钱的方法

告诉孩子，一个人可以在生活中尽量减少金钱的支出，这样，手中的钱就会多起来。有什么方法可以少花钱呢？例如，买东西之前必须想清楚是否真的需要，可以让他在心里问自己"我需要这个东西多久了？""是不是已经有其他东西可以替代打算要买的东西？"这些问题可以帮助孩子认识到有些支出是不必要的。教孩子每周在固定的一天去购物，不要天天购物。购物之前一定要列个清单，要根据自己的需要去买东西，不要见什么买什么。

7. 让孩子用自己的钱买自己的东西

为了进一步落实"付出才有收获"的观念，爸妈不妨给孩子一些工作。例如铺餐桌、铺床、擦桌椅、倒垃圾、扫地等。做这些家务事不但可以锻炼孩子的劳动能力，也能让他们体会"付出才有收获"的观念。而且，用自己的劳动、智力换取来的报酬，更值得珍惜。今天，很多孩子可以无条件地得到高额的零用钱，难怪他们会有"不劳而获"才是聪明人的做法的错误观念。

这种因势利导、切合实际的"用钱"教育，会使孩子获益匪

浅。研究证明，一个从小就懂得合理利用金钱、支配金钱的孩子一般都具有很强的独立性和经济意识，在经济事务上的管理和操作能力也很强，这为他们今后培养造就大批优秀的经济管理人才提供了雄厚的人力资源基础。

培养孩子储蓄的习惯

懂得了金钱的价值与如何花钱这还不够，作为家长，还应该从小让孩子养成存储的习惯。

"节俭和储蓄是美德"这种传统的价值观在人们生活中始终牢固不变。由于社会、学校合力引导孩子学会花钱、学会节俭，他们都很会存钱。

有人曾说：一个没有储蓄罐的孩子是不健全的孩子，这是一个颇有见地的认识。对于孩子来说，拥有自己的储蓄罐非常重要。因为它能帮助孩子养成存储的习惯，让孩子更进一步了解金钱的价值。

美国有一本畅销书叫作《钱不是长在树上的》，这本书的作者戈弗雪在谈到储蓄原则时指出：孩子们可以把自己的零花钱放在3个罐子里，第一个罐子里的钱用于日常开销，购买在超级市场和商店里看到的"必需品"；第二个罐子里的钱用于短期储蓄，为购买"芭比娃娃"等较贵重物品积攒资金；第三个罐子里的钱则长期存在银行里。

为了鼓励孩子存钱，可以陪孩子一起去银行存钱，并以孩子的名义开一个户头。当孩子在铅印的存单或存折上见到自己的名字时，会使他们感到自己长大了，变得重要了。银行的另一个好处是：它能使孩子们充分理解钱并不是随便地就可以从银行里领出来，而是必须先挣来，把它存到银行里去，以后才能再取出来，而且还会得到多出原来存入的钱的利息。

良斌6岁那年，收到了2000元压岁钱，妈妈为他开了一个银行账户，并要求良斌每月往自己的账户上存10元。妈妈要求良斌每次花钱不能超过10元，在过年、过节的时候必须给爷爷奶奶、外公外婆买些小礼物。给良斌设立账户后，妈妈还给了良斌一本小册子，告诉良斌如何充分利用账户。良斌妈妈认为，让孩子对自己账户的存款负责，这样，他就养成不会乱花钱的习惯，即使在买东西时，也会精打细算。良斌每天都会花5元钱，其中2元是车费，2元是餐费，1元是零食费。

有一天，良斌就对妈妈说："妈妈，我发现我们学校小卖部的干脆面太贵了，这样吧，你帮我在超市多买几包，我付给你钱。"妈妈一听，这孩子怎么这么聪明了？于是高兴地替儿子买了5包干脆面，每包便宜2毛钱，儿子省下了1元钱！

一周后，儿子又对妈妈说："妈妈，你先出钱给我买一箱吧，这样更便宜，我每周把钱还给你。"妈妈又同意了，结果每包便宜了3毛钱！

现在，14岁的良斌已经有两个属于自己的账户了，其中一个定期账户是用于存放不常用的钱，这样利息高；另一个是活期账户，用于存放日常开支，可以随取随用。妈妈又为良斌办了一个储蓄卡，让良斌自己去银行取钱。这让良斌感到自己长大了，他非常珍惜每次取钱的机会，妈妈规定每次只能取50元，而且要求他必须在月底保证储蓄卡收支平衡，如果他不顾一切用光钱，那将取消他使用储蓄卡的权利。

良斌的例子告诉广大家长，从小培养孩子储蓄的习惯，能让孩子养成有意识地控制金钱的习惯。这对孩子的成长是很有好处的。那么，怎样培养孩子储蓄的习惯呢？家长可以做到以下几点。

1. 引导孩子把零钱放进储蓄罐里

当孩子有几角、几元或者几十元钱的时候，引导孩子把零钱放进储蓄罐里，并养成习惯，久而久之，有一天孩子发现储蓄罐里原来有数目不少的钱时，他会觉得很惊喜，更会充满成就感，因而更懂得珍惜金钱。

2. 一起决定应该存多少钱

虽然孩子要从礼物、工资或零用钱中拿出多少比例的钱来存，所存的钱会随着礼物、工作和年龄而有所不同，但重要的是要让他们在拿到钱之前，就先建立储蓄的习惯。

3. 储蓄优先

孩子和大人一样，都会把储蓄这件事延后再做，结果到最后才发现自己没钱可存了。所以帮助孩子在做其他事之前先把钱存起来。孩子到 3 岁，父母便可以和他玩储蓄游戏。鼓励孩子将自己的积蓄存到家中的"银行"时，用孩子的名义开一个"账户"，让他有自己的"存折"，并妥善保管。到 6 岁时，应该让孩子理解，把钱存到银行里，不是银行把钱"拿走"了，而是把钱安全地存放起来，并使之有所收益。这样做有助于孩子养成储蓄的习惯。

4. 为特定的目标设定期限

如果孩子要存钱买一组电视游戏器配件，建议他找张那组配件的照片，然后在上面写上希望购买的日期。用磁铁把照片钉在冰箱门上或钉在他卧室的门上，让他能时时看到自己的目标。

5. 和孩子分享"骗自己存钱"的技巧

每周存下部分的零用钱（你的，则是薪水）；将所有在节庆时收到的礼金都存起来；少花点钱在自己身上多做些额外的家务事；在有时间把钱花掉之前先存起来；看电影时和朋友共吃一盒爆米花，而不要自己吃一整盒；尽量少放钱在口袋里。

6. 让孩子把钱存到银行

家长可以告诉孩子，他的存款可以帮他实现大的心愿。比如买脚踏车、玩具等，帮助他给每个月的零用钱规划出时间表，估计大约花多少时间可以达到梦想，建立孩子的理财目标。同时，家长要让孩子懂得在银行存钱的四个好处：

第一，安全；

第二，可以使钱增值；

第三，可以提供便利的服务；

第四，可以减少乱花钱的次数。

家长在鼓励孩子节省消费、增加储蓄，从小建立正确的使用金钱的好习惯时，也别忘了以身作则。另外，也不要完全以金钱作为奖赏或惩罚孩子的工具。久而久之，孩子一定会成为理财高手，无形的"财商"将成为他一辈子的财富。

允许孩子向父母借钱

今年上七年级的拉拉由于同学生日，想给同学买个礼物，但又不好意思直接向父母开口要钱，因为前两天妈妈刚给她买了一部《现代汉语词典》，还有其他学习用品，一下子就花了300多元钱。于是，她想，不如先向妈妈借点钱，等自己攒够钱后再还给妈妈。

当拉拉向妈妈提出借钱的请求时，妈妈听了居然又气又好笑，她对拉拉说："羊毛生在羊身上，你的零花钱还不是我给你的？以后要钱就直说，不要变着法儿来诈我！"

拉拉听了很委屈地说："妈妈，我是认真向您借钱的！您平时给我的零用钱不是由我支配吗？那我少吃些零食来还您借给我的钱，行吗？"

妈妈看拉拉的样子很是认真，也不禁思考起借贷的合理性。

就这个问题，儿童理财专家给拉拉的妈妈提出了有效的建议：拉拉主动要求向妈妈借钱，而不是向妈妈要钱，这说明拉拉已经有了很强的自立意识。因此，妈妈应该抓住这个契机，向她讲解一些借贷知识，使她亲身体验借钱还贷的全过程，极早形成正确的借贷观念。这对她成年后的正确消费和经济独立意识会产生深远的影响。现在的孩子从大学时代开始，就要独自面对经济上的考验了。如果他们缺乏理财意识，就会被铺天盖地的以信用卡、学生借贷和各种消费借贷形式出现的信用贷款所迷失。

但是，如果孩子在未成年时就养成了良好的信用借贷的习惯，在借钱之前他们就会反复思虑："为了得到这个东西，我使自己背上还债的负担，值得吗？"当孩子有了这层考虑之后，自然就能够从容地应对这个信用消费的社会，获得经济上的独立。

因此，如果孩子主动向家长借钱，家长应该和他签订一份正正规规的借贷合同，然后把钱借给他。在孩子"负债"的过程中，他们会体验到借钱买东西，然后花上几个月还债的感受，他们会明白债务是一种严肃的责任，他们会知道不得不为自己早已失去兴趣的东西而还债是什么滋味。孩子在中小学时代就积累信用借款的经验，等他们成人之后，就更能负责任地处理较大数额的借贷了。

在家长接受孩子的借贷要求，培养孩子良好的借贷习惯时，应该注意以下几个原则。

1. 还款期限应以两个月为宜

如果把还款时间拖得太长，很可能影响孩子的生活和学习。记住，你的目的是让孩子养成自觉还款的好习惯。如果他们抱怨时间太短，你一定要有耐心，提醒他们既然签署了协议就应该执行。

2. 给孩子的最高借贷额不应超过两个月的零用钱

如果你每个月给孩子 30 元为零用钱，那么给他的最高借款额就是 60 元。

3. 不允许孩子拖欠或抵赖欠款

家长借钱给孩子的一个重要借贷原则就是让孩子必须在规定的时间内归还借款。所以，当你向他们收取欠款时，不要接受任何不还钱的借口，不应该让孩子养成拖欠甚至抵赖的坏习惯，否则，他们就不会深刻认识到借贷是一种严肃的责任。如果家长妥协，孩子就学不到关于借贷的最重要的一课：千万不要在没考虑清楚的情况下去借钱！

4. 让孩子的自主借钱尝试成为一次成功的经验

当孩子第一次按期、如数还掉欠款后，他们会因自己能够守信用、履行诺言而倍感自豪。因为为了按期还钱，他们不得不放弃本想购买的东西，这种感觉会让他们觉得痛苦。但恰恰因为如此，以后他们再想借钱买一些意义不大的东西时就会更加谨慎了。这可以说是整个尝试过程中最大的收获。

5. 允许孩子犯错误

如果你觉得孩子借钱想买的东西无用或很可能上当受骗，也不要过多地干预他的决定。他买了之后会慢慢后悔的，这也是促使他增长经验的有效途径。如果孩子确实后悔了，教育的目的就达到了，以后他就会谨慎行事。

家长在贯彻孩子借钱的这五大原则时，最关键的一点是放手让孩子自己决定，使孩子在实践中自觉地获得经验和体会，而不能依靠家长包揽、命令，更不能进行枯燥的说教。只有这样，才能培养起孩子良好的借贷习惯，养成借钱按时还的借贷意识。

让孩子养成节俭的美德

玲玲是一名小学三年级的学生，长得乖巧，学习又好，深得全家人的喜爱。但是她有一个改不掉的坏毛病，就是喜欢浪费纸张。往往不到学期结束，一本好好的笔记本就被她撕得只剩下两张皮。父母对她的这种做法非常反感，常常批评她不要这么浪费，可她却不以为然："这有什么，几个本子又花不了多少钱呀！"每当此时，父母总是忍不住大声呵斥她，但玲玲委屈地哭过之后，依然认识不到自己的错误。

虽然父母试图教育孩子不要浪费物品，但是用吼叫训斥的方法并不能够奏效，孩子也无法理解为什么父母不愿多买一些本子给自己。这是因为家长没有让孩子认识到"节俭"是一种美德。

正如左丘明云："俭，德之共也；侈，恶之大也。"要想孩子不至于陷于堕落奢靡的生活陷阱里而不能自拔，家长唯一能做的就是培养孩子的"节俭"意识。

"节俭"既是对创造财富的劳动者的尊重，也是对父母的尊敬。"节俭"不仅使家里的各种东西充分发挥作用，而且有利于孩子独立生活能力的提高。在国外，很多家长就很重视培养孩子节俭的品质。

美国的山姆·摩尔沃尔顿是个拥有85亿美元的富翁，但是他却住在一座小镇上的普通房子里，平时开一辆旧福特车，穿着工作服，像一名普通工人，其生活也同样乐趣无穷。他的后代常以此为荣，并继承着这一良好的家风。

培养孩子节约的意识，是塑造良好品德的开端。我们说"有钱难买幼时贫"并不是说让孩子去过"苦行僧"的生活，而是为孩子创造俭朴的家庭环境，让孩子继承节俭的美德。这是家长赠予孩子永久的财富。

培养孩子节俭的习惯，我们给父母们的建议是：

1. 营造节俭的家庭生活氛围

在日常生活中，家长要以身作则，用自己的节俭行为影响孩子，用自己艰苦朴素的作风感染孩子。如将洗衣服的水留下来冲厕所；爱惜家庭物品，小心存放不用的东西；等等。

2. 让孩子从小事做起，养成节约的习惯

首先在使用学习用品上要讲节约，不要因为写错一两个字就撕掉一大张纸，不要老是碰断铅笔芯。同时要在生活上节约，如夏天空调开 26℃以上，又节约又划算；节约用水，洗菜的水可以冲厕所；用完电器一定要把插头拔掉；用电脑打印材料，最好两面都用，这样可以省纸；抽水马桶里放块砖头，更省水；出门随手关灯；学习用品用完再买，不要乱花钱。

3. 要经常给孩子讲勤俭持家的道理

教会孩子量入为出，父母要经常给孩子讲勤俭持家的道理，让孩子懂得一粒米、一滴水、一度电来之不易，这些都是人们辛勤劳动换来的。要让孩子学会利用废旧物品，比如可用易拉罐做个花篮，将旧凉鞋剪成拖鞋，这样既可培养孩子的节约习惯，又是一种手工劳动练习。

4. 杜绝孩子虚荣攀比的心理

要想让孩子养成节约的习惯，家长还应该教育孩子不与别人攀比，不爱慕虚荣；购买物品不要过分追求名牌，要看实际价值；看到特别喜欢的东西，也要三思而后行，不要看到了就买。

5. 让孩子自己挣钱，培养其自力更生、勤俭节约的习惯

美国一些富翁的孩子，常在校园里拾垃圾，把草坪和人行道上的破纸、冷饮罐收集起来，学校便给他们一些报酬。他们一点儿也不觉得难为情，反而为自己能挣钱而感到自豪。有的家庭经济并不困难，但要让八九岁的孩子去打工送报挣零花钱，目的是培养孩子自力更生、勤俭节约的习惯。

6. 帮助孩子理解节俭的价值

家长要用节俭的故事教育孩子，让孩子知道节俭是美德，也是生活的必需。在教育中，父母要赞赏节俭的行为，批评奢侈浪费。父母要让孩子理解生活的艰难，理解人在生活中难免会遇到各种困难，而节俭则可以做到有备无患，帮助人渡过难关。

学会节俭对孩子的健康成长影响极大。节俭可以使人集中精力，把身心投入学习和事业上来，关系到一个人一生事业的成败；节俭可以培养一个人坚强的意志和战胜困难的不屈不挠的精神，是人生的巨大财富；节俭有助于体察他人的疾苦，培养对他人的爱心，有利于健康人格的形成，这对于孩子的成长极为重要。

让孩子从小学会节俭，就要让孩子适当尝尝"苦"头，没有吃过苦的孩子、在蜜罐里泡大的孩子根本不知道财富来之不易，也根本不知道珍惜自己所拥有的幸福。许多孩子没有经历过艰难困苦，根本不懂得"节俭"二字，只要求吃好的，穿好的，玩具也是越多越好，越高级越好，如果达不到要求就会生气。有的孩子随便抛撒浪费粮食，不爱护衣物，对玩具随意破坏，乱丢乱扔，弄得残缺不全，浪费严重。他们不知道粮食和玩具等来之不易，更不知道珍惜自己拥有的东西。

因此，让孩子知道好日子来之不易、培养孩子节俭的品质，已成为越来越多的父母努力的方向。许多"俭以养德"的事例告诉我们：要把孩子培养成有志向、有追求、有出息的人，勤俭节约、艰苦朴素的教育是不可或缺的，这是父母能够给孩子的永久的财富。

从小培养孩子投资理财意识

投资理财是一种技能，更是一门学问。在市场经济的今天，学会如何理财，不仅是生存的需要，也是非常现实的选择。一些发达国家普遍注重对下一代的经济教育，甚至在幼儿园里就安排了理财的课程，灌输理财之道，培养儿童的理财能力。

事实上，正如智商、情商一样，财商人人都有，从小对孩子进行理财教育，能帮助孩子养成较高的财商，这样，孩子长大以后，就不至于在财务的困境中苦苦挣扎，为金钱问题而担忧了。

以下是股神洛克菲勒儿时的故事——

洛克菲勒从小就帮助家里干杂活，或帮父亲到农场劳动，以获得零花钱。

洛克菲勒 6 岁时，看到一只火鸡在不停地走动，很长时间了也没有人来找，于是他捉住了那只火鸡，把它卖给了附近的农民。洛克菲勒的母亲是一位虔诚的教徒，认为这样亵渎了神灵，而洛克菲勒的父亲却认为这是一个好现象，认为洛克菲勒有做商人的独特本领，对他大加赞赏。

有了这次的"经商"经历，洛克菲勒的胆子大了起来。不久他就把从父亲那里赚来的 50 美元贷给了附近的农民，说好利息和归还的日期。到了时间他就准时去讨要，毫不含糊地收回 53.75 美元的本息。

华尔街股票大王的幼年经历，同样能给今天的中国家长们以启迪——

被称为股票神童的司徒延恩 14 岁便扬名华尔街。他十二三岁就想自己买股票，结果，股票行不让儿童买股票，到 14 岁那年，司徒延恩用储蓄下来的 100 美元买了一家电脑软件公司的股票，股票价格大涨。3 个月之后，他把股票卖掉，净赚 800 美元。

1993 年在父母的同意下，他向家人、亲戚及要好的朋友借钱，共集资 2 万美元，成立了自己的基金公司，15 岁的司徒延恩成为该基金公司的经理。

3 年之中，他的基金每年均有 3 成多增长，1996 年达到 4 成增长。后来，他父亲把自己 10 多万美元的退休金交给他管理，这位年轻的基金经理正管理着 20 万美元，他打算积极吸纳投资者，5 年赚到 2000 万美元。

从股票神童司徒延恩的经历中，我们可以看出，西方有些孩子有很强的金钱观，甚至高过父母。这与他们的生长环境与家庭教育是分不开的。

儿童时期是人格发育的重要阶段，这个时期，孩子的价值观正逐渐形成，让孩子从小就形成健康的财富观和良好的理财习惯，会让他受益一生。

儿童接受各种能力的培养，都有一个关键期。比如说语言训练，2-4 岁是关键期；数学呢，4-6 岁是关键期。对于理财能力而言，其培养的关键期是 5-14 岁。如果教育提前了，孩子的认知能力没有达到，孩子不懂，家长灰心。如果超过 14 岁再教育孩子，他已经有意无意地通过电视、报纸或购买经历建立起自己的理财习惯，再来改变，就需十倍的努力。

教孩子学会投资、理财是一门学问。家长应从小处着手，从小培养孩子理财、投资的意识，让孩子形成善于理财的品质和能力。孩子只有从小形成良好的理财、投资意识，才能为将来家庭经济良性循环提供持续的保障，更能让他们今后的人生聚沙成塔。

对孩子进行投资理财教育可从以下几个方面入手。

1. 让孩子做有关金钱课程的家庭作业

孩子除了完成学校的家庭作业外，尤为重要的是要做与金钱课程有关的家庭作业。孩子们的课外"财商"教育作业可包括玩"现金流"游戏，用假钱模拟参与股市交易，等等。

2. 要树立孩子合理合法的挣钱观念

要让孩子知道，得到钱财的途径有多种，但是，作为有道德、有良心的人，应该以自己的真才实学通过自己的诚实劳动去挣钱，不要靠违法乱纪、损害他人的利益甚至不择手段地去挣钱。

3. 教给孩子基本的经济知识

教给孩子经济知识的目的，是让孩子认识现实存在的经济现象，学会科学规划和合理使用自己的有限资源，培养一种理财习惯，这种习惯就是节俭的品质和良好的理财观念。尽早教给孩子这些知识，能开阔孩子的视野，培养孩子广泛的兴趣爱好，加强生活体验。

4. 为孩子开独立的银行账户

当父母到银行办理开户或是到银行存钱时，也不妨把孩子带上，让他们慢慢学会开户、存款、取款的流程，并且和孩子一起了解银行定期寄来的定期定额对账单、投资报表等，这样孩子可以亲身感受"复利"的效果。此外，家长还可以带孩子到银行等投资咨询机构，简单地了解投资与收益的关系，培养孩子的投资理财意识。

5. 了解并掌握至少 1000 个财经、金融词汇

这对于希望提高自身财商的成年人也很必要。倘若一个人连资产、负债、净利润等词汇的含义都不甚了解，还谈什么致富以

及拥有高财商？

6. 帮助孩子设计成功"赢配方"

孩子幼年时，极易受到来自学校和社会各方面的伤害和打击。始终让孩子拥有自信，留住他们与生俱来的天赋和才华是父母最光荣而伟大的职责。在此基础上，帮助孩子设计使他们一生成功的学习"赢配方"、职业"赢配方"和财务"赢配方"。

当然，孩子的理财投资能力不是一朝一夕就能养成的。作为家长，既要注重对孩子理财技能的培养，又要掌握适度原则，千万不要急于求成。

第七章
不吼不叫，帮孩子戒掉网瘾

当今时代，电子信息技术高度发达，很多孩子从小就习惯于玩手机、玩 iPad，为此累坏了眼睛，也影响了学习。家长们吼也吼了，骂也骂了，但孩子还是一有机会就偷偷玩，屡禁不止。

作为家长，应该明白，依靠吼叫批评训斥的方式，并不能帮助孩子戒掉网瘾。而应该用合理的方式引导孩子正确使用网络，养成良好的上网习惯。使孩子在享受便捷的信息技术的同时，健康、快乐地成长起来。

沉溺网络世界对孩子危害巨大

当今社会，网络技术迅猛发展，已经渗透到社会生活的每一个角落，给我们带来了很大的影响。而网络游戏像毒品一样正慢慢"侵蚀"着孩子的心灵。资料显示，目前在中国市场销售的网络游戏大约有95%是以刺激、暴力和打斗为主要内容的，而且越"刺激"的网络游戏参与的人数就越多，由此引发了一系列的社会问题。

多年前，有一则新闻提到一个中学生伙同同学残忍地杀害了自己的母亲。

这名中学生原是个品学兼优的好学生，自从迷恋上网络游戏，学业成绩就直线下滑。母亲知道后，就减少他的零用钱，想借此阻止他，而他也真的因为口袋里没有钱，而无法继续玩网络游戏，于是就开始偷，凡能得手的地方，他从不放过，无论是自己家、亲戚家，甚至同学家，手伸到哪儿就偷到哪儿。

母亲又急又气，经常吼叫训斥他，为此他对母亲怀恨在心，于是趁着母亲熟睡之际，杀死母亲。

网络游戏对孩子身心健康的危害已引起社会各方面的广泛关注。

西北师范大学教育科学院副院长杨铃指出，在网络游戏的虚拟世界里，孩子不需要面对现实中的挫折，不需要接受社会规范和其他人的监督，可以随心所欲地宣泄情感。长此以往会淡化现实社会规范的要求，给暴力犯罪埋下隐患。

心理学专家分析，孩子之所以沉溺于网络主要有以下几方面原因。

1. 孩子贪玩的天性

贪玩是孩子的天性，说起玩来，没有一个孩子不兴高采烈的。网络游戏等电子媒介正好迎合了孩子的这一天性，让孩子玩起来忘乎所以。由于意志薄弱、自制力差，很多孩子因此容易把自己卷进网络游戏中一发不可收拾。

2. 学业失败

学习怎么也学不好，怎么也跟不上，一点兴趣也没有，总受家长训斥。这样的孩子更容易沉迷于游戏中，因为只有游戏能带给他成就感。所以，作为家长要善待孩子、理解孩子，给孩子鼓励与关注，给孩子提供成功的机会。

3. 逃避现实生活中人际关系的缺失、内心的孤独

观察身边的一些孩子，你会发现，独生子女特别容易在交往方面受到挫折，因为他容易以自我为中心，容易在交往中伤害到别人，因此，他们通常交不到朋友，从而让自己陷入孤独、苦闷的处境中。此外，他们还不愿意与人分享，自私地固守着自己的天地。这样的孩子，因缺乏与人交往，容易陷入游戏或网络不能自拔。

4. 逃避生活、学业中的压力

现在的孩子，在学校和家庭的双重压力下，整天学习又缺少娱乐场所的他们当然会想找一个地方来松弛一下紧张的神经。而网络游戏大都以暴力为主，在现实生活中找不到的成就感在暴力游戏中可以找到，很多孩子为了能寻求在生活中无法得到的刺激

及优越感，最终迷恋上了网络游戏这一"魔鬼"。在游戏中，孩子体验到现实生活中所没有的放松与快感，因此更加地迷恋网络，消极地逃避生活。

5.网络中没有约束，轻松自在

在虚拟的网络世界里，现实社会中无处不在的道德约束和法律威慑都荡然无存，他们长期被压抑的生物性本能就在征伐杀戮中毫不掩饰地被释放出来。所以他们会依赖网络游戏。

此外，孩子很喜欢刺激的感觉，而这种感觉在充斥着暴力的网络游戏中可以找到。

正是以上诸多的原因，导致很多孩子沉溺在网络的世界中。甚至在现实生活中，他们还会幻想游戏的情节，应该在校上课的时间他们却还在网吧里打游戏。浪费大量的精力和金钱，更为严重的是，部分青少年把暴力情节带到现实生活中，这不仅伤害到自己的身心健康，还伤害他人。以下是网络游戏对孩子的具体危害：

第一，沉迷网络游戏浪费金钱和精力；

第二，影响自己的学习；

第三，迷恋网络游戏可能导致儿童神经紊乱症，眼睛疲劳，造成近视；

第四，在沉迷网络游戏后，有可能把暴力情节应用到现实生活中；

第五，在和他人发生冲突后会想到用暴力解决，导致悲剧的发生；

第六，他们没有生活目标，没有社会责任感；

第七，沉迷玩网络游戏的人容易喜怒无常，身体无力，精神萎靡不振；

第八，没有钱玩游戏，就向家长要，向同学借，慢慢地学会了说谎，乃至去偷、去抢。

此外，上网成瘾，使不少孩子的人际交往能力减退，他们往往沉溺在虚拟世界里，逃避现实世界。上网排遣心理困惑虽然可行，但过分依赖网络却是舍本求末，学生时期，是重要的人格发展期和社会关系建立期，如不注意培养自己的人际交往能力，反因上网成瘾而萎缩，今后难以直面社会，参与各种交流、合作、竞争就成了问题。

正因为网络对于自制能力差的孩子有着巨大的危害，荼毒了孩子的心灵，因此，要想让孩子规避这些危害，家长就应该让孩子培养一种足以抵御这种不良的电子游戏诱惑的能力。使孩子既能够体验到网络世界的神奇性，促进孩子的发展，又能避免身心受到伤害，这才是孩子上网的最高要求。

引导孩子适度参与网络游戏

由于孩子的自制力差，所以不能抵抗来自游戏的诱惑，以致上瘾而耽误了身体和学业。那么，如何才能让孩子抵制网络游戏的诱惑呢？

面对广大父母的困惑，教育专家就孩子玩游戏的问题提出，家长应从小对孩子进行正确的引导和教育，帮助孩子养成良好的用"网"习惯，而不能仅仅以吼叫训斥的方式逼迫孩子"断网"。

以下是专家的具体建议：

1. 和孩子建立和谐、良好的亲子关系

和孩子建立良好的亲子关系，能够让孩子在现实生活中感受

到快乐和安全。这样就可以避免孩子依赖网络等虚拟世界来发泄不满和躲避现实。

2.为孩子配备家用电脑

因为担心孩子迷恋网络游戏和上网而不买电脑，结果孩子只能将对电脑的兴趣转移到网吧。网上的内容鱼龙混杂，更加难以控制，孩子辨别真伪的能力低下，难以分辨事情的好坏，在没人正确引导的情况下易掉入黄色网站、网络游戏的陷阱里。

3.关心孩子游戏的内容

帮助孩子选择安全的网络游戏，当孩子开始玩游戏时，家长应该经常关心孩子玩的电子游戏的内容，或者跟孩子一起玩。有时间可以同孩子一起探讨游戏内容和玩的技巧。

4.和孩子签订上网协议

家长要和孩子共同制定电脑使用协议，并严格执行。协议可以包括电脑的使用时间及使用内容、对不健康的网站设置限制，禁止访问。这样不仅可以有效阻止孩子受到有害内容的伤害，还可以提高孩子的自理能力。此外，家长还应该提醒和监督孩子不要玩对身心健康无益的网络游戏。

5.向孩子说明某些网络资源的危害

为了尽可能地减少互联网对孩子造成的危害，作为家长应当利用互联网上直观的资源，抓住时机教育孩子。在孩子问为什么不允许他们下载色情图片时，、可以解释为什么色情对孩子健康不利，在禁止孩子看性暴露的影片时，应该告诉孩子有关性的责任和隐私的问题。应该让孩子知道哪些网站是少儿不宜的，为什么要限制他们登录，还应该让孩子学会如何防止自己逾越这些限制。

6. 采取具体措施保证孩子健康上网

你的孩子即使知道禁止访问某些网站的原因，他们还是会抑制不住对这些网站的好奇心。这时，你就需要查看孩子使用互联网的情况。但互联网并不是一个纯净的世界，网上色情、暴力泛滥，许多犯罪活动都是以互联网为手段进行的。这告诫世人，互联网世界虽然是个奇妙的虚拟天地，但也是一个必须加倍提防的地方。成千上万的父母也许还没有意识到互联网上的危险。互联网世界充满了陷阱，遍布着别有用心、引诱孩子走入歧途的人；孩子单纯的心灵很容易被污染，而孩子和父母却往往觉察不到。那么，怎样让孩子面对互联网这个无形的、难以捉摸的世界呢？作为父母，应该和孩子努力沟通，以便共同消除网络世界带来的危害。

7. 孩子购买、下载电子游戏时，父母要知情

有时间可以同孩子一起选择购买或下载电子游戏，做好孩子的参谋。

8. 在玩游戏中培养孩子的自制力

以"有时有晌"约束孩子无休无止玩游戏的倾向。平时每天玩游戏最好不超过一节课的时间，周末、节假日每天最好也不要超过3小时。还要注意每隔40分钟左右要停下来到户外活动活动。不提倡上小学的孩子玩大型网络游戏。如果孩子已经在玩了，应该与他们协商，要严格控制游戏时间。

9. 为孩子发掘游戏外的有益活动

事实上，孩子之所以对网络痴迷，没有养成健康的上网习惯，与家长的教育、引导失当，以及课外生活贫乏有关。因此，除了给孩子立下健康上网的规则以外，家长还应该培养孩子广泛

的兴趣，尤其是热爱户外运动，是至关重要的。这样孩子们就不用太依靠网络游戏来填补生活的空虚。

10. 引导孩子学会交往

儿童长大的过程是社会化的过程，而社会化离不开同龄群体的密切交往，离不开深刻的体验。所以，让孩子从小生活在伙伴的友谊之中，是避免虚拟时空诱惑最重要的保障。

其实网络游戏带给孩子的不完全是负面的影响，只要孩子懂得合理地安排游戏时间，正确地选择合适自己的游戏产品，家长严格控制孩子使用网络，同时引导他们正确地使用高科技，既可避免他们沉迷网络游戏，又可增加他们的知识，对孩子的发展同样有着很大的帮助。

培养孩子健康上网的习惯

当今社会，电脑已进入千家万户。互联网为孩子打开了一扇通往外部世界的"窗户"。互联网海量信息为孩子获得各种知识提供了新的渠道。

在网络里，孩子可以通过网络找到所需要的信息；利用网络上网充电；在网上与老师、同学进行学习上的交流。这些都为孩子不断提高自身素质提供了帮助。此外，互联网还有助于拓宽孩子的思路和视野。

当然，在互联网带来便捷的同时，其潜伏的隐患也在蔓延。由于孩子身心发展尚未健全，自控能力及辨别能力较差，他们很容易就会被一些不良信息所吸引，严重影响身心健康。

报载，南京市一女中学生秦某，利用放假的机会，瞒着父母独自一人去广州约见网友，一去就下落不明。

据秦某父亲介绍，放暑假后，他女儿开始迷上网上聊天，经常在网吧上网到深更半夜才回家。她抽屉里有20多张卡片，每一张卡片都记满了网友的通信方式。

一天晚上，她瞒着父母，一个人从新街口家中跑到江宁东山镇与网友见面，直到凌晨才回家。为此，父亲怒不可遏地对她大声吼叫训斥，甚至几次扬起巴掌想要打她。

但是，这并没有让秦某认识到自己的错误，反倒寻机从家中溜走。

父母找遍了大街小巷，仍然没有寻到女儿的踪影。父亲更是因为自己一时冲动骂了女儿悔恨不已。

假如他能耐心规劝女儿，好好讲道理，或许女儿就不会离家出走了。但是一切为时已晚。

直到有一天，秦某的母亲接到一个操广东口音的男子打来的电话："秦某在我身边，要想再见到她……"突然就挂上了电话。

据秦某父亲分析，那男子可能就是他女儿的网友。

在我国青少年中，不健康、安全上网的现象十分普遍。据调查，很多孩子只知道玩游戏、聊天、购物，却不懂得利用网络来查询资料，进行学习，甚至很多孩子都有较为严重的网瘾，痴迷于各种网络游戏、暴力游戏、黄色网站等，整天泡在网吧，还有一些孩子甚至没有意识到人身安全问题，私自出去见网友。孩子的这种做法严重影响着个人的安全与身心健康，是家长们需要防患于未然的。

但是，很多家长总是忽视对孩子进行网络安全教育，只会不断以吼叫训斥的方式禁止孩子上网。孩子不能理解父母的苦心，反倒会产生叛逆心理，偷偷上网，甚至离家出走。

我国著名教育家叶圣陶先生认为习惯的培养很重要，教育的目的就是养成良好的行为习惯。

每一个孩子在初接触互联网时，几乎都感觉很神秘。他们小心翼翼地探索着，眼睛里充满了对信息的渴求。这是人生之中的一个黄金时期，是一个需要播下健康种子的时期，是一个需要奠基立向的时期，是一个习惯养成的时期。在这一时期，家长应培养孩子健康的上网习惯。这样，孩子才不会在信息的高速路上成了脱缰的野马。

那么，如何才能让孩子养成健康安全上网的习惯呢？专家的建议是，要确保孩子上网的健康、安全，家长应向孩子提出规则，同时确保孩子能够遵守执行。这些规则是：

第一，绝不向网上的人提供家庭地址、学校名称、电话号码等信息；

第二，没有父母的允许绝不和网友见面，与网友见面除非有人陪伴，见面一定要在公共场合；

第三，绝不回复挑衅或挑逗性的信息；

第四，在网上交谈或写电子邮件的时候，要保持礼貌与良好的态度；

第五，收到来历不明的电子邮件不要回信，不要保存，尽快删除；

第六，只要是看到感觉不舒服的网站或邮件内容，马上离开；

第七，当在公共场合上网时，离开后一定要关闭浏览器，以免别有用心的人使用你留下的资料。

对孩子进行安全上网教育，是孩子成长教育中的一个重要的部分，但也只是非常普通的一部分，家长们既不必恐惧，也不要抱着侥幸的心理。与其他部分的教育一样，安全上网教育同样要讲究技巧和方法。只有方法得当，孩子才能懂得健康上网，安全地利用网络进行娱乐或学习。

用父母的好习惯影响孩子

丁丁今年上小学 5 年级。有一天一大早，丁丁同学的母亲就打电话到丁丁家里，跟丁丁的爸爸说丁丁和她的儿子一起去网吧玩，让她抓个正着。

一听这话，丁丁的爸爸火冒三丈："这还了得，小小年纪就上网吧了！"说完，抓来丁丁就是一顿毒打。

丁丁委屈地说："为什么你都可以上网吧，我就不能去呢？我上网吧还不是你带去的呀？"

丁丁的爸爸听了，愣在那里，脸上红一阵，白一阵的。事实也确实如丁丁说的，在丁丁三岁的时候，丁丁的爸爸就开始把丁丁带到网吧坑，而且每次一玩就是半天。

再后来，家里买了电脑，丁丁也想上网了，丁丁的爸爸很不耐烦，就把丁丁赶到一边，自己玩游戏、斗地主，不亦乐乎。没想到，丁丁居然有样学样了。

人人都知道"身教重于言传"的道理。其实，很多时候，孩子上网成瘾的习惯都是家长造成的。可是家长自己却恰恰忽略了这个问题，比如，自己在家或者在单位上班的时候，闲着没事，就在网上斗地主、打麻将……正所谓"上梁不正下梁歪"，孩子整天耳濡目染，甚至参与其中，慢慢的，就会形成习惯。再看看好的引导：家长在网上读书，孩子也在网上读书；家长写作，他也会在网上写作文，和同龄人互阅，相互讨论；家长看新闻，他查资料，其乐融融，不亦乐乎。

因此，要想孩子养成良好的上网习惯，家长应以身作则，给孩子好的示范。我们的建议是：

1. 让孩子真正了解网络的作用

家长应该告诉孩子，网络作为信息时代的一种强大的工具，不仅仅为人们提供了消遣、娱乐的条件，更重要的是作为帮手，可以有效地促进人们的学习、工作和研究，能够促进社会的发展和人们素质的提高。

2. 和孩子共同学习电脑知识

家长要和孩子共同学习电脑知识，甚至要向孩子学习如何玩电脑，这样可以为孩子树立一个榜样，激发孩子学习电脑知识的积极性，另外也可以有效地监督孩子健康使用网络。

3. 和孩子一起玩

如果父母有时间，不妨与孩子一起玩，并适时地引导孩子改正对网络游戏的态度，同时规定孩子玩游戏的时间，让孩子平衡学习和游戏的关系，有利于父母掌握孩子玩网络游戏的情况。

4. 带着任务上网

许多孩子上网之所以被网络游戏占去大量的时间，是因为他们上网没有明确而积极的目的，一切都是盲目的，当然容易被网络吞噬。教育孩子应该把上网首先当作一种学习方式，既是课内学习的补充，又是课外学习的扩展。每次上网之前都应该有明确的学习目标，上网有了明确的任务，孩子才会专注自己的目的而不会迷失自我。再严格一点，上网前向家长提交需要网上解决的问题，找到答案应有记录。完成任务后可了解一下自己关心的新闻，而后立即下网。

5. 让孩子学会利用电脑做更多的事

家长要创造条件让孩子掌握电脑的操作技术，激发孩子正确使用电脑的兴趣。家长要让孩子知道电脑有许多功能，可以画画、学英语、写日记、听音乐等，可以引导孩子由浅入深地编写简单的软件，等等，慢慢地孩子就会对网络游戏以及一些不健康的内容失去兴趣。

6. 心平气和地进行说教

如果孩子很容易令父母愤怒、孩子总喜欢上网而不做功课、无论怎么说他都不听、总是无节制地上网、父母的期望与孩子不符……当您的孩子出现上面的症状时，首先，家长在气愤时不宜教育自己的孩子，应该心平气和地跟孩子说话。另外，还要倡导多元平衡的生活，除上网以外生活中还有很多有趣的东西……父母应与孩子一起商量制定生活时间表，协助孩子达到目标，并进行检讨、修订后再尝试。

7. 多跟孩子交流

要常常和孩子交流上网体会。与孩子交流对网络上一些信息的看法，比如网上有什么新闻、孩子怎么看待这件事等，要以平等的态度和孩子交流，从而了解孩子的真实想法，同时也说说自己的看法借以引导孩子。

8.家长一般不要与孩子共用一台电脑

有条件的家庭可以给孩子配一台专用的电脑，不过目前大多数家庭面临的还是大人与孩子共用电脑上网的问题。建议家长考虑在同一台电脑上为孩子设置独立的账户。

总之，要想孩子养成良好的使用电子媒介的习惯，家长不要把网络当作洪水猛兽，而应该进行疏导、指引、示范，这样才能让孩子用正确的眼光看待网络，看待问题，从而让网络成为他们健康成长的好伙伴。

第八章
做智慧家长，拒绝对孩子说这些话

　　父母在孩子的生活中扮演着很重要的角色，往往孩子变成什么样子和父母的教育息息相关。有的孩子越教越听话，而有的孩子越教越难教。其实根本原因不是出在孩子身上，而是在于父母。

　　有些父母口无遮拦，说出的话要不很冷酷，要不很霸道，这样教育的孩子只能越教越差。本章列举四句绝不能跟孩子说的话，希望大家不要再犯这些错误。

人家比你强多了

"人家比你强多了，咋不学学人家？"父母看到别人家的孩子优秀，往往会感慨万端，恨不得那个孩子是自家的。于是乎，在羡慕的同时，产生了"我家的孩子能不能也像人家那样"的想法。有专家指出，盲目效仿别人，绝对不可取，相反，还可能会把孩子引入歧途。

故事一：

数学单元考试的试卷发下来了，一脸喜悦的平平回到家里，一踏进房门就兴高采烈地对妈妈说："昨天我们班数学单元考试，今天试卷就发下来了，您猜我考了多少分？"

"猜不出来，你到底考了多少分？"妈妈问。

"82分，比上次单元考试的成绩高出10分呢。"平平有几分得意地说。

"哦，你知道邻居家的婷婷考了多少分吗？"妈妈又问。

"大概是90分吧。"平平满脸不高兴地回答。

母亲似乎并没有察觉到孩子脸色的变化，接着说道："怎么又比她考得差呢？你还得努力追赶人家才行啊！"

"您凭什么说我没有努力呢？这次考试成绩比上次提高了10分，老师都表扬我进步了，而您总是不满意，永远不满意！"平平生气了，他提高嗓门冲着妈妈大声地喊起来。

"你怎么这样不懂事,我这样说也是为了你好。你看人家婷婷,每次都考得那么好,哪像你时好时差,也不知道争气。"妈妈喋喋不休地说。

"我怎么不争气啦?您嫌我丢您的脸是不是?人家婷婷好,那就让她做您的女儿好啦,省得您总是唠叨。"平平怒气冲冲地走进自己的房间,砰的一声把门关上了。"就知道分数、分数,您关心过我吗?您知道我内心的感受吗?我都烦死您啦!"就这样,母子间的一场隔着门的争吵又开始了。

故事二:

有一个非常优秀的孩子叫萧天天,每次开家长会,萧天天都是老师表扬的对象。初中三年,每次考试他的成绩都是班里前几名,在年级里,虽然不是数一数二,却也都名列前茅。在别的家长看来,萧天天的父母真幸福,孩子这么优秀。可萧天天的父母不这么看。萧天天在班里没有名列第一时,父母就拿他和班里的第一比,萧天天在班里第一的时候,父母就拿他和年级里的第一比。

总的来说,萧天天的表现很少得到父母的认可,父母始终在拿萧天天和那些比萧天天更优秀的孩子比。结果,不但没使萧天天进步,反而使他越来越自卑、越来越自惭形秽。以致他上高二的时候,产生了厌学心理,一进校门就心烦意乱。尽管这时萧天天的父母已经意识到自己的错误,也做了许多努力,可萧天天的思想就是走不出一个误区:在爸爸妈妈眼里,我总是不如别人。没过多久,萧天天不得不辍学。

印度思想大师奥修说："玫瑰就是玫瑰，莲花就是莲花，只要去看，不要比较。"是的，我们的家长必须明白一个事实：孩子天生就有差别。我们首先要承认这个差别，然后在孩子原有的基础上帮助孩子进步。我们可以拿孩子的今天和昨天比，拿孩子的成功和失败比，就是不能拿自己孩子的短处和别人孩子的长处比。

过多地拿孩子同别人做比较，使得许多孩子把学习当成为父母学而不是为自己，因此把学习当成一件苦差事。同时，这样做的结果，容易导致孩子自信心的丧失，以至产生难以根除的自卑心理，这对孩子的成长是非常有害的。其实，每个孩子都有不足之处，某方面不行并不代表其他方面不行。父母如果经常拿自己孩子的弱项与别的孩子的强项比较，就会使孩子失去竞争或迎头赶上的勇气，同时，父母对孩子的数落，也极易引起孩子的逆反心理，并损伤孩子的自尊心。因此，孩子出了问题或学习成绩差，应该从孩子实际的基础出发，寻找原因与差距，而不是拿孩子与别人比。

那么，作为父母，当看到自己的孩子不如别人家的孩子优秀时，又该怎么做，如何才能不拿自己的孩子和别人做比较呢？

1. 保持一颗平常心

父母应该从内心深处杜绝"攀比"孩子的想法，不要用别的孩子作例子来给自己孩子施压，要用一颗平常心来对待孩子暂时的不足，对孩子多一些鼓励。良好的教育意识与能力应该成为每一位家长的自觉追求。

2. 看到孩子的进步

父母应该学会全面看问题。比较有两种，一种是横向比，一种是纵向比,看孩子的进步,不仅要横向地看孩子和别人的差距,更要纵向地看孩子比从前取得了哪些进步。父母不能用学习上的进步来牺牲孩子的成长,盲目攀比的结果只会毁了孩子。

3. 承认孩子间有差异

每个孩子的性格和特点都是不同的,许多父母喜欢把自己的孩子跟别的孩子进行比较,而且总拿自家孩子的短处跟别的孩子的长处相比。

这样做实际上是忽视了孩子之间的差异,父母应当接受并承认孩子之间的差异,帮助孩子学会取长补短。而且,当父母看到自己的孩子和别的孩子有差异时先不要着急,这种差异未必就是差距。孩子跟别人的差异性往往是其个性形成的开始,其实,这种差异更需要父母加以保护。

此时,父母的正确态度是,根据自己孩子的特点进行教育。例如,自己的孩子脑子迟钝一些,教育孩子笨鸟先飞,多卖些力。孩子有了进步就应该鼓励。只要孩子付出了努力,已经尽其所能,父母就不要对孩子提出过高要求,这样的教育就是成功的。

4. 尊重孩子的天性

父母要尊重自己孩子的天性,不要盲目跟风,别人的孩子学这个我就让自己的孩子学这个,别人的孩子上北大我就让自己的孩子上清华,这样的做法都是不可取的。其实,做父母的只有找到适合自己孩子的发展道路,按照孩子的天性去培养,孩子才可能获得幸福和成功。

5. 培养孩子的个性

父母应该认识到每个人都是独立的个体,和其他人没有太多的可比性。学习别人的优点固然重要,但是,培养孩子的个性更重要。

其实，你的孩子就是你的孩子，没有必要总去和别人家的孩子相比，只要你的孩子今天比昨天进步，你就应该祝贺他。

我不会原谅你

孩子或因自制力弱，或因年幼无知，或其他偶然的原因，常会出现差错。对此，很多父母怒不可遏，大声责骂，甚至把孩子的犯错看成一件不可宽恕的事，对孩子说："我不会原谅你。"其实，这是十分愚蠢的行为。孩子犯了错误，父母要本着关心爱护的原则，态度温和地鼓励孩子承认错误，帮助孩子找出错误的根源，改正错误。这样，孩子才会信赖你、亲近你，敢于向你说真话。

在小明很小的时候，有一次，他跟着爸爸和姐姐到姑姑家去做客。姑姑家里有好几个表兄弟表姐妹，他们都很喜欢小明，小明也喜欢跟他们一起玩儿。

这天，他们在姑姑的房间里玩"捉迷藏"的游戏，孩子们追的追，逃的逃，热闹极了。小明跑得很快，不小心碰到了桌子，砰的一声，桌子上的花瓶掉在地上打碎了。多好看的玻璃花瓶，打碎了多可惜呀！孩子们一下都惊呆了。

姑姑听到响声，赶忙跑到房间里来，瞧瞧出了什么事。她看见花瓶打碎了，就问大家："孩子们，谁把花瓶打碎的？"

表哥表姐都说："不是我打碎的。"

小明心里害怕极了，也跟着说："不是我打碎的。"

姑姑说："你们谁也没有打碎花瓶，那么一定是花瓶自己打碎的了,大概它在桌子上站得心烦了,所以就倒了下来。"

大家听她这么一说,都笑起来了,只有小明没笑,他不声不响地跑到另外的房间里,在桌子前坐着。他心里很难过,因为他说了谎。

小明回到家里,晚上躺在床上,翻来覆去,怎么也睡不着。

妈妈问他:"怎么啦,我的孩子?"

小明就把自己白天说谎的事告诉了妈妈。

妈妈笑着说:"这不要紧,明天你写封信给姑姑,承认自己说了谎,她一定会原谅你的。"

小明这才安心地睡觉了。

过了几天,邮递员给小明送来一封信,啊,是姑姑给他写的回信!小明连忙把信拆开来看。姑姑在信上说:"做错了事,自己承认,是个好孩子。"

小明把姑姑的回信给爸爸妈妈看,爸爸妈妈都称赞小明是个诚实的好孩子。

小明的父母很明智,他们懂得这样的道理:孩子说谎了不要紧,重要的是要知道自己错了,勇于承认错误,如果说了谎,却不愿意承认错误,那么就意味着一错再错,这样,今后为了逃避责任还可能会犯更大的错误呢,到时候,想补救也来不及了。是呀,当孩子犯错时,父母千万别对他动怒,而是给他一个接纳与同情的关怀,让他知道自己的过失,然后对症下药。一个没有责难的温暖环境,孩子会知道他实在没有抵赖或逃避的必要。

孩子的心就像洁白的羽毛,是那样的一尘不染。他们的调皮,他们所犯下的错误,只是他们在成长中不可或缺的音符。在错误中他们会懂得什么是对的，什么是错的。有时，他们的调皮只不过是想引起父母的注意，而当他们的调皮撞在父母心情烦躁的"刀口"上，就会引发父母心中的怒气，父母随即变成可怕的"老虎"，让孩子感到战栗，这样不经意的发火，就会影响到孩子的情绪。其实，孩子是上帝派给父母的可爱天使，他们是欢乐的传播者，想想父母所丢失的童趣，又怎么忍心去伤害他们呢？所以，当孩子犯错误时，父母要用真爱之心原谅孩子的错误。

再说了，孩子还处在一个是非观念建立、规范形成的阶段。他们在做一些事情时，并没有考虑后果会是怎样，也不会判定行为和事件的性质。因此，父母不能用成人的标准来评判孩子的行为和品质，当他们出现一些错误时，父母不要在此件事上更多地去追究孩子的责任，急于"宣判"，而是要首先搞清楚孩子的出发点是什么，然后帮助孩子分析原因和后果的严重性，给他讲道理，给他改正的机会，同时不要损害孩子的自尊心。

在极其恶劣的战争环境下，两个最要好的战友掉队了。路上，他们被饥饿困扰，饥饿像魔鬼附上了两个凡俗的肉体。绝望的刹那，他们几乎同时想到了唯一可吃的东西，那就是人肉。走在后面的乙举起了枪，子弹呼啸着从甲的肩头飞了过去。两个人都心照不宣，继续走路。还好，他们终于活了下来。岁月更迭，几十年过去。乙临终的那一刻，他再也憋不住藏在心底的愧疚，向甲坦露了那颗"走火"子弹的原委，请求战友的宽恕。甲说："没什么，当时我俩心里都清楚。在那种情况下，我能理解！不论怎样，总要有人活下来的。"两双手紧紧地握在了一起。

这是怎样的宽容啊,假如你是那个被朋友的子弹擦肩而过的人,你会怎么样?这个充满了理解、原谅,彰显着高风亮节的事例,给了我们关于宽容的最惊心动魄的感触:宽容是人性中最可歌可泣的至美。所以,无论孩子犯了什么错,都是值得原谅的。

原谅孩子的过错,可以让孩子更好地认识和改正过错,少犯过错,或不犯同类过错。所以,抛弃"我不会原谅你"这句话吧,让孩子得到一个宽容,同时也是给孩子一个改正过错的机会。

我绝对没有错

海因里希·魏兰德出生在德国古城福希海姆一个世代都做银匠的家庭中,他家的首饰以精巧考究而闻名全国,历代帝王和皇亲国戚每逢庆典,都指定要他家制作首饰、器皿和勋章。

出身于书香门第的母亲希望儿子魏兰德成为饱学之士,就带年幼的魏兰德到外祖父家住。魏兰德在外祖父的培育下,在数学、物理学方面打下了坚实的基础。

几年后,已经懂事的魏兰德被父亲领回了家,魏兰德请求父亲让他读书,而墨守成规、谨记祖训的父亲却生气地说:"读书有什么用?我们这样人家的孩子学点手艺才是正经的!"

不久,父亲为结算不清一个月首饰买卖的账目而气得暴怒不已,魏兰德却只花了一个小时,就把杂乱无章的账目结算得一清二楚。当魏兰德把结算好的账本捧到父亲面前时,父亲感动得眼眶里噙满泪水。经过整整一个晚上的思考,父亲深感自己不让孩子读书是错了,第二天一大早,他就毅然敲开了儿子的房门,郑重地向魏兰德道歉,并搂着他激动地说:"你是对的,我支持你的请求，你好好读书吧！"

魏兰德在父亲的鼎力支持下，刻苦读书，22岁就取得了慕尼黑大学的哲学博士学位，后来因杰出贡献获得诺贝尔化学奖。

每个家长都会教育孩子，做错事后一定要道歉并改正。但当自己做错了事时，却很少或从不道歉，尤其是不愿向孩子道歉，更有甚者，长着一副"厚脸皮"向孩子叫嚣："我绝对没有错。"……殊不知，父母学会向孩子道歉，正是家庭教育中的明智之举。当孩子"闯祸"后，一些父母由于一时感情冲动，往往会对孩子进行不恰当的批评或惩罚。事后，父母又往往会后悔。这时，倘若父母能勇于真诚地向孩子道歉，用自己的行动补救自己的"过失"，则可以更好地和孩子沟通，并让孩子从中受益。

相反，如果父母不在乎孩子的感受，错怪了孩子仍理直气壮、死不道歉的话，伤害的将是孩子的心灵。

田大烈的妈妈发现钱包少了100元钱，就一口咬定是田大烈拿了。田大烈说没拿。妈妈不信，先是"启发"孩子："需要钱可以向我要，但不能自己拿！"后来就越说越生气，警告田大烈："不经允许拿妈妈的钱，也算是偷！"田大烈不服气，母子俩就吵了起来。这时，田大烈的爸爸回来了，忙解释说："钱是我拿的，还没来得及告诉你呢。"妈妈这才停止了对儿子的逼问，但又补上一句："田大烈，你可要记住，花钱管妈妈要，可不能偷偷地自己拿啊。妈妈的钱可是有数的！"田大烈觉得受了不能容忍的侮辱，一气之下，离家出走了。

"金无足赤，人无完人。"父母说错了话，办错了事，甚至冤枉了孩子，都是难免的，关键是发生问题后父母怎样处理。父母和孩子相处，应该是民主平等的，不能摆家长架子。错怪了孩子,就主动道歉,而且态度要诚恳,不敷衍,不找客观。有些父母认为这样做会有失尊严,其实不然,孩子是明理的。父母向孩子认错,会给孩子树立有错必改的榜样,会使孩子由衷地敬佩父母的见识和修养,从而更加信任父母,使一家人和睦团结,为孩子创造健康成长的良好环境。这样,父母的威信不但不会降低,反而更高了。

同时,在家庭教育中,父母如果从不向孩子承认自己的缺点、过失,孩子就会产生"父母永远正确而实际上老是出错"的观念,久而久之,对父母正确的教诲,孩子也会置之脑后;而如果在对孩子做错事后,父母能郑重地向孩子认错、道歉,孩子就会懂得承认错误并不是一件可耻的事,就会提高分辨是非的能力,尝到原谅别人的甜味。

父母怎样才能做到向孩子认错呢?在向孩子认错时,父母又应注意些什么呢?

1. 父母要改变观念,放下思想负担,正视自身的错误

"每个人都有犯错误的权利",同时,每个人还有改正错误的义务,不可能因为"为人父母"了就会不犯错误,也不可能因为孩子的爱戴而使错误消失。既然任何人犯错误都是难免的,那么犯了错误也就不必过分羞愧,而应将精力放在改正错误上,只要改了"就是好同志"嘛!因此,向孩子认错并不"丢面子"。

2. 父母道歉的态度很重要,不能太过于生硬、轻描淡写

如果父母采取错误的态度,即使道歉了也不能挽回什么,只会加深误解,因为孩子是十分敏感的,很容易就能意识到父母是不是在敷衍。因此,父母应用真诚的态度来道歉,不要碍于面子或者身份而不愿意对自己的孩子道歉或者只是一带而过。

3. 要想让孩子从心理上接受父母犯错误的事实，必须与孩子多交流

通过交流，让孩子知道父母也是会犯错误的，但是，自己绝不是故意要伤害孩子的感情，而看到孩子的感情受伤，自己实则也很内疚。孩子只要感受到父母的悔过之情，自然就会理智地对待犯错误的父母了。

总之，凡是要求孩子做到的，父母自己也应该带头去做、认真做好。当父母违背了自己说过的事，要敢于向孩子承认错误、做检讨，孩子才会感到父母的说教真实可信，而不是居高临下的骗人把戏。这样，孩子就会自愿自觉地按照父母的要求去做，并在犯错后勇于承认。父母勇于向孩子认错，这是一种无言的人格力量，对孩子的一生都会有着深刻的影响。

看你还敢顶嘴

明明今年6岁，读幼儿园大班。有一天，表妹来了，小明明把表妹带到他的卧室玩。刚开始，妈妈还听到两个小家伙在房间里玩得挺开心的，但过了不久，妈妈就听见房间里传来了表妹的哭声，妈妈闻声跑进去，发现明明居然拿玩具熊打表妹的头，妈妈赶紧把两个孩子扯开，并且批评明明说："你再打表妹，妈妈就不要你了！"明明刚想解释说："是因为……"妈妈就打断了他："你打人还敢顶嘴？"然后强令两个小孩在不同的房间玩。

生活中，类似的事例数不胜数，在家长们看来，犯了错误还要进行解释的孩子是在做无谓的狡辩。他们认为，孩子跟大人"顶嘴"，为自己申辩就是一种没有礼貌的行为，所以，听都不听孩子的申辩,就给予了否定的态度。

1. 不允许孩子"顶嘴"的恶果

事实上,从某种意义上说,孩子懂得"顶嘴"是孩子有自己的主见的表现,有些时候,孩子并不是想"狡辩"或者"顶嘴",他们只是想为自己的行为申辩而已。

然而,父母却剥夺了孩子辩解说明的权利,这样强制性的行为可能会给孩子的成长带来一系列危害。

(1)使孩子产生逆反心理

生活中有的孩子犯了错误,试图找出理由为自己辩护,其目的无非为求得父母对自己的谅解,这种心理很正常,也是孩子鼓足了勇气才这样做的。如果父母武断地加以"狙击",孩子会认为父母不相信自己。对父母的这种"蛮横"做法,孩子虽不敢言,但心不服,以后孩子即便有更充足的理由也不会再申辩了。孩子一旦形成了这样一种心理定式,以后面对父母的批评,他就根本无法接受,权当耳边风。

(2)使孩子形成认识障碍

一些犯了错误的孩子,因为没有真正认识到错误而与父母争辩。而这时父母简单粗暴地不给孩子争辩的机会,不让其通过"辩"来分清是非,根本性的问题其实没有真正解决。由此,孩子的认识就会逐渐产生偏差。

(3)扼杀孩子的新思想

一个想"顶嘴"辩解的孩子,往往能将是非善恶权衡在自己的评判标准上,显示了不唯命是从、求是明理的思想特质。许多孩子正是在有所听和有所不听的过程中,逐步学会了认识问题、处理问题的能力。而父母"不许顶嘴"的高压使孩子产生了唯唯诺诺的心理，这让他们以后如何创造性地解决问题、处理问题？

下面，让我们看一位家长的日记：

孩子的爷爷过生日，我们一家三口都回去了。

老人高兴，和孩子又说又笑，又唱又闹。我们大人在厨房里忙活饭菜，做好一道菜就放在客厅的桌子上。

做得不少了，我出来数数有多少道菜。就在这时，我发现儿子端坐在餐桌旁，明目张胆地吃了起来。我的火一下子冒了起来："怎么回事？大人都没坐下，你先吃，有没有礼貌？过来！"

儿子低着头，非常紧张地走了过来。老人赶紧嘱咐道："不要打骂孩子。"爱人知道我的脾气，上前说了一句："注意分寸，别影响气氛。"我马上收敛了许多，领着孩子到了另一个房间。

要是以往，我肯定会劈头盖脸地训斥一番。也许受场合的影响，我突然拉住儿子的小手，耐心地询问他："说说，为什么要抢着先吃饭？"

儿子天真地说："我饿了。""饿了也不能先吃，这样很不礼貌，我不是跟你说了好多次了嘛！""我一看见螃蟹就想吃，所以控制不住。""你抢什么，哪一次吃好东西你没吃上？"可儿子依然辩解："爷爷同意我先吃了。"我顿时无话可说，儿子的理由很充分：在爷爷家，我怎么就不能随便点？

但是，我必须回去他："你说说，今天有几个人吃饭？爷爷那是心疼你，可你太不自觉，没把握住自己。你让舅舅、舅妈怎么看待你？爸爸妈妈的脸上也不光彩。他们会说这个小孩太霸道了，好吃的都让他抢去了。"

儿子不吱声，我知道他听进去了。"所以说，你今天做得太过分了,好好想想,下面应该怎么做?"说完,我就走出了房间。

过了一会儿,我看见儿子走了出来,像什么事都没发生。他分筷子,端杯子,吃饭的时候不但祝福爷爷生日快乐,还主动为大人服务,很有分寸和礼貌。

我很欣慰,儿子前后不同的表现,给了我很大启发。根源在哪儿?主要是家长的态度,唯一的不同在于,我没有一味地批评,而是让孩子说,说出他的动机和理由。就是说,要给孩子一个机会让他申辩,然后有的放矢,再讲明道理。

是的,如果这位家长酣畅淋漓地大骂一通,孩子极有可能哭了起来,然后便使性子不吃饭,情绪低落,其效果可想而知。所以,强行遏制孩子去申辩、解释的行为是不明智的,父母一定抱着民主、理性的态度对待那些喜欢"顶嘴"的孩子。

2.如何正确对待孩子"顶嘴"

在此,专家提出了以下建议:

（1）宽容对待那些喜欢"顶嘴"的孩子

爱"顶嘴"是孩子在成长过程中的正常"诉求",他们通过申辩以表明自己的立场与愿望,这是孩子自我意识强的表现。此时,父母的宽容能让孩子意识到自己的重要性,从而变得更加自信、善于表达自己的观点。如果父母碍于个人的面子和尊严,而置孩子的委屈和苦衷于不顾,以势镇人,以"大"压"小",就有可能挫伤孩子的自尊,导致孩子逆反和逃避心理的形成。当然,还可能让孩子因此变得不再喜欢说话。

（2）耐心倾听孩子的申辩是有必要的

孩子需要申辩,说明他有表达委屈的愿望。这个时候,父母不要急于凭主观臆断或一面之词而妄下结论。应该耐心、真诚地去倾听孩子辩解的理由，并且加以具体分析。只有这样，孩子才能感觉到大人足够的"尊重"，也只有这样，他们说起话来思维才会更流畅，也更敢于表达自己的立场。

（3）为孩子营造辩论的氛围

在孩子为自己的行为申辩时，父母不妨因势利导，充分让孩子申辩，培养他们敢想、敢说的良好习惯，这样做的目的，能使孩子既明事理，又练口才。

（4）引导孩子学会自我分析

让孩子申辩并不是让孩子牵着大人的鼻子走，而是鼓励孩子说话、表达的时候认识到自己的错误，正视存在的问题，鼓足信心去克服它。这样，孩子才能够变得更加的能言善辩而且明辨是非。

最重要的是，父母不要把孩子的"顶嘴"与自身的"权威意识"挂上钩、把孩子的思辩和不讲礼貌混为一谈，唯有如此，才能让孩子在争辩中清楚地认识到自己的对与错，从而更坚定正确的想法。

第九章
好孩子是夸出来的

　　赞扬、肯定和亲切的态度能提高孩子的自我感知，相反，批评、指责和冷漠的态度只会降低孩子的自我感知。英国哲学家洛克说："父母不宣扬孩子的过错，则孩子对自己的名誉就愈看重。"

当众夸奖让孩子更优秀

经常对孩子赞扬、鼓励，尤其是当着别人的面赞扬孩子，能使孩子产生成功感和荣誉感，从而增强他们对生活的信心。因此，父母应该把对孩子的赏识扩展到别人的面前，要善于当着别人的面赏识和尊重自己的孩子，让孩子充分感觉到父母对他的重视和欣赏，从而激励孩子产生无穷的力量和信心。

有一天，杨信学带着女儿出去散步，在路上偶然遇到了好友韦凌宇和他的女儿，故友重逢，难免一番客套。一阵寒暄后，他们都将话题转移到了彼此的孩子身上。

杨信学问韦凌宇的女儿："小朋友，你几岁了？"韦凌宇的女儿性格比较外向，一点也不怯生，她很高兴地回答说："叔叔，我今年6岁。"杨信学又问："上学了没有？"她回答说："上了，在实验小学一年级1班。"杨信学继续问："老师今天教的什么呀？"韦凌宇的女儿回答说："教的拼音。""能读给叔叔听一下吗？""当然可以！"说着小女孩张大嘴巴，发了一个"ɑ"的音。尽管发音不是很准，但杨信学还是夸赞说："嗯，读得真好！小朋友真棒！"

随后，韦凌宇也亲切地问杨信学女儿问题，女儿正好也上一年级，与韦凌宇女儿学的是同样的内容。韦凌宇让女儿读"o"，女儿很认真地发了一个"o"的音，尽管女儿读的音很到位，但出于客套，杨信学还是很谦虚地说读得不太好。

接下来，韦凌宇又问了女儿其他几个问题，谁知女儿一反常态，将脸扭到一边，冷冰冰地回答说："不知道！"韦凌宇自觉没趣，杨信学也觉得很没面子，就打圆场说："还是你女儿乖巧能干，什么都会，要是我女儿能赶上你女儿的一半就好了。"说着杨信学无可奈何地叹了口气。韦凌宇安慰说："孩子还小，不用着急，一切慢慢来。"

聊了一会儿，天色渐晚，他们各自领着孩子往回走。临别时，韦凌宇的女儿很有礼貌地对杨信学和他的女儿说："叔叔再见，姐姐再见。"杨信学轻轻地拍了女儿一下，示意她跟别人说再见，可女儿毫不理会，一个人气冲冲地朝前面走去了。杨信学无奈，只得尴尬地跟韦凌宇笑笑，并代替女儿跟他们说再见。

杨信学追上女儿，严厉地教训她说："你看人家妹妹多有礼貌，哪像你，连招呼都不跟人家打一下就跑了，真是太不像话了。人家比你还小，但什么都比你做得好，你得好好向人家学习学习。"女儿不服气地说："那些问题我都会，只是我不想回答而已。你为什么说话老是偏向别人，一点都不像是我的爸爸。"说完，女儿低垂着头，委屈地哭了。

杨信学这才知道，原来因为客套，在韦凌宇面前贬低了自己的女儿，使女儿的自尊心受到了深深的伤害。从那以后，杨信学再也不拿女儿跟别的孩子作比较了，也不在别的家长和孩子面前夸奖自己孩子的优点。因为无论是别人家的孩子还是自己家的孩子，他们的自尊心都是脆弱的，都需要别人的呵护和赞美。

从事例中可以看出，孩子比成人更爱面子，他们对于批评与赞扬是极其敏感的。所以，当跟别人说起自己的孩子时，不管孩子是否在场，都要怀着赏识和尊重的心态去谈论他们。

当然，当众夸奖孩子要讲究技巧。

1. 态度必须认真和真诚

不能因为炫耀自己或者敷衍别人而故意吹嘘，夸大孩子的优点。

2. 必须有根有据

要根据孩子平时的表现来赏识孩子，不能因为赏识而赏识，凭空捏造事实，让孩子感觉在作假。

3. 不能犹抱琵琶半遮面

夸奖孩子应该大大方方，有的父母只说一半就停了下来，表现出谦逊、不好意思的样子，这样反而会让人感觉父母在故意卖关子，在夸耀自己有多么的了不起。

4. 要适可而止

父母不要说起来没完，让孩子感觉不自在。要知道，赏识的话并不是越多越好，有时候说得多了反而无益。

赞美孩子要真诚

据报道，一项对中小学生的调查，设置了这样一个问题：如果你的爸爸妈妈满足你的要求，你最希望得到什么？结果很有意思：有 57% 的孩子希望他们的爸爸妈妈看到他们的进步，肯定他们；有43％的孩子希望自己的爸爸妈妈别总拿他和别的孩子比，别总说别的孩子比他强。总之，孩子希望父母能听到这样的心声："爸爸妈妈，我不想在否定中长大！"

孩子的答案和呼声，让我们看到，任何一个人，希望被肯定的要求，胜过了对物质的和娱乐的渴望。俗话说，孩子是夸大的。是啊，对孩子的表现应给予肯定、赞赏、鼓励，这样，才会增强孩子的信心，给孩子带来积极的情绪，激发孩子做事的积极性。可是，赞美孩子要遵守一定的规则，要适度，不然会使孩子养成爱吹嘘、是非不分等坏习惯。

赞美孩子必须根据孩子的具体情况，发自内心的、真诚的、由衷的赞美，这就需要父母具有敏锐的洞察力，需要父母具有一颗善良公正的心态，需要父母具有宽广的胸怀和气度。

小英10岁的时候，有一次，她一个人在家把屋子收拾得干干净净。妈妈回来后，禁不住赞叹："哇，是谁这么勤劳，把屋子收拾得这么干净！"小英从房间跑出来。妈妈说："原来是我的宝贝女儿啊，你可真能干！"妈妈发自内心的夸奖，从此让小英爱上了家务劳动。

真诚的赞美和肯定，可以拉近孩子与父母心灵的距离，真正成为朋友。这不仅吸引着孩子向父母真心靠拢，更自然地倾听父母的教诲，接受父母的人生经验，而且还让父母每时每刻发挥着潜移默化的作用，从积极乐观的一面影响着孩子的生活与成长。

真诚的赞美和欣赏，可以营造宽松、和谐、民主的气氛。无数事实证明，只有在这样的家庭气氛中，才会培养出自信、自律、坦诚、大度、勇于承担责任和人格健全的新一代。这对孩子适应社会生活、保持心理平衡和维护心理健康具有十分重要的意义。

父母唯有实事求是地去赞美孩子，才能抓住孩子的心，激发孩子继续向上的欲望。父母若是赞美不当，就如同隔靴搔痒，不仅起不到好的作用，反而会让孩子反感，认为父母太"虚伪"。

一位妈妈听说"赏识教育"后，便决定改变以前的教育方式。

女儿每做一件事，无论做得怎么样，她都说："女儿，太好了，你太棒了！"

整整一天下来，女儿被妈妈夸得莫名其妙。

晚上临睡前，女儿摸着妈妈的额头问："妈妈，你没事吧？"

可见，如果父母不分场合不分情况地一味赞美孩子，孩子往往就会不知所云，最终达不到父母期待的效果。此外，有些父母认为鼓励就是说好听的，或者是简单地戴高帽。其实，这些，都只会适得其反。

赞美是一门艺术，是要讲究技巧的。赞美孩子时要想达到真诚并恰如其分的效果，就应该这样做：

1. 不要对孩子抱有不切实际的期望

面对当今日益激烈的社会竞争，许多父母都想让自己的孩子无所不能，无所不精，各方面都力求胜人一筹。这种过高的期望值会导致父母总戴着有色眼镜看待孩子。如此这般，父母就不能对孩子有正确、全面的认识，对孩子的赞赏自然就会有失公正或根本就是敷衍。

2. 赞美要事出有因

赞美不能泛滥，要具体。只有实实在在的赞美，才最能感动人。很多父母在表扬孩子的过程中，往往会用"你真棒"一句带过，并不对孩子的具体行为做出表扬。其实，这就不是一种正确有效的赞美方式。特别对于一些年龄尚小的孩子来说，父母更应特别强调孩子令人满意的具体行为，表扬的越具体，孩子对哪些是好行为就越清楚。

比如，两个小女孩在一起玩，一个不小心摔倒了，另一个赶紧跑过去把她扶起来，帮她拍净身上的土。这时，父母就应表扬得具体一些："你今天把小朋友扶起来，你做得真好，妈妈很高兴。以后和小朋友在一起玩耍，就要像今天这样互相关心、互相帮助。"

这种具体的表扬方法，既赞赏了孩子，又培养了孩子关心别人、助人为乐的良好品行。孩子以后再遇到相同的情况，也就更容易做出正确的选择。

3. 赞美要把握时机

孩子取得成绩，渴望父母的赞赏，此时，父母应及时予以肯定。这样，孩子要求进步的动机就会得到强化。否则，孩子就会低估自己的能力，原有正确的动机也会逐渐消失。

4. 就事"赞"事

赞美孩子不要直接针对其人，而应该赞美孩子的具体行为。例如，当孩子画了一幅不错的画时，千万不能说："真聪明！"而应说："哟！这幅画真不错。"要知道，过分的赞美，会给孩子播下爱慕虚荣的种子。

5. 因人而异

对年龄不同的孩子采用不同的表扬方式，对学龄前的孩子可多用表扬，入学后的孩子因逐渐懂事，不必事事表扬，表扬应更有分寸；对胆小怕事的孩子可多用表扬，以增强其勇气，树立信心，对能力强的孩子要慎用。

关注孩子的每一点进步

每个孩子的成长都是一个漫长的过程，这个漫长的成长过程是无数细小的进步累积而成的。没有小进步的累积，就不会有成长，没有小成功的累积，就不会有孩子今后的大成功。

然而，在现实生活中，很多家长因为对孩子的期望太高，导致他们无视孩子的小小的进步，没有给予及时的表扬与赞美。

小王是少年宫的钢琴老师，这段时间，她正在教一批新学生学钢琴。在这批孩子中，有一个叫坤逸的小男孩，他学钢琴非常刻苦，虽然刚开始的时候入门比较慢，但后来慢慢地进入了状态，弹得越来越好，她觉得这个孩子很有潜力。

可是，最近小王发现坤逸已经两个周末没有来学琴了。她感到非常奇怪，于是她拨通了坤逸家的电话，接电话的正是坤逸。

"坤逸，这两个周末怎么没有来学琴呢？"

"妈妈不让我去了。"坤逸小声地说。

"为什么不让你来了呢？家里有什么事吗？"

"没什么事，因为妈妈认为我学不好，再学下去也是耽误时间。"

"怎么会呢，你学得很努力，进步也很快，妈妈为什么会这么说呢？"

"我每次学完琴回家，妈妈总让我弹给她听。每次弹完，她都说弹得不好，一点进步都没有，就不让我学了。"

挂上电话，小王的心里难过极了！

生活中，像坤逸妈妈这样的家长还有很多，他们往往会因为孩子没有达到"最佳"或自己心目中理想的标准，就全盘抹杀孩子的成绩，这对孩子的成长而言，是一种巨大的伤害！也许在无意中，会因为家长过高的期望而葬送掉一个科学家或艺术家。

其实，每个孩子在学习或者生活中总会有一些让家长不满意的地方。如成绩没有别人好，做事没有别人快，脑筋没有别人聪明……但是，孩子一直都在进步，这才是最重要的。作为明智的家长，应珍视孩子的进步，让他有点滴的成功体验。这样，才能让孩子在每一个小小的成功中，积累自信。

有这样一个故事：

期末考试的成绩下来了，达达只考了第二十名，而他的同桌考了第一名。

回到家，他问妈妈："我是不是比别人笨？我觉得我和同桌一样听老师的话，一样认真地做作业，可是，为什么我考第二十名，而她考第一名？"

妈妈抚摸着达达的头，温柔地说："你已经比以前进步了，以后会越来越好的。"

第二学期的期末考试，达达考了第十五名，而他的同桌还是第一名。达达还是想不通，又向妈妈问了同样的问题。妈妈还是说："你比上学期又进步了，以后会越来越好的！"

达达小学毕业了，虽然他还是没有赶上他的同桌，但他的成绩一直在提高，已经进入前十名了。

暑假里，妈妈带达达到青岛看大海。母子俩坐在海滩上，看那些在海边争食的海鸟。他们发现，越是体型比较小的鸟越能迅速地起飞；而那些体型比较大的鸟，如海鸥，却显得非常笨拙，起飞很慢。这时，妈妈对达达说："儿子，海鸥虽然起飞慢，但是真正能飞越大海、横穿大洋的还是它们。"

初中的时候，达达的成绩已经名列前茅了。到了高中，他成了全校著名的尖子生，最后以全校第一名的成绩考入了北京大学。

这个故事是耐人寻味的。

发现并赏识孩子的进步，不仅影响到孩子学习和做事的效果，而且还会影响到孩子对学习和做事的态度。我们发现，孩子喜欢某一门课程，很多时候是因为放学回家后有人愿意了解他们的学习情况，并肯定他们的进步。有的孩子说："我喜欢音乐课，因为回家后可以唱歌给爸爸妈妈听，他们可喜欢听了。"也有的说："我喜欢数学课，因为回家后算数经常得到妈妈的赞扬。"如果我们对孩子的进步不听、不看、不肯定、不赞扬，孩子的学习态度肯定会受到打击。

因此，随时都要看到孩子的进步，尤其是在孩子表现不好或者成效不明显的时候，不要打击孩子的信心和积极性，而是应该善于发现孩子哪怕是一点点的进步，对孩子的表现给予宽容，对孩子的进步给予赏识，这将会让孩子建立或者重新建立做好事情的勇气和信心。

要发现孩子的进步，进而夸奖孩子，家长可以从以下四个方面入手。

1. 家长要有一双善于发现的眼睛

父母对孩子的及时赞誉是孩子争取更好表现的最大动力。家长千万别忘了对孩子取得的每一次进步与成功都及时给予鼓励和称赞。而要及时对孩子的成功给予赞誉，家长必须有一双善于发现的眼睛。如孩子把自己的玩具收拾好、自己削铅笔、考试比前一次提高了一分等，这些都是表扬孩子的良机。

2. 对孩子的每一点小进步都应该有所表示

当我们对孩子的每一点进步都有所表示的时候，可以看到非常显著的效果。话语虽然很简单，但是孩子却可以心领神会，比方可以说："孩子，我非常高兴，你今天把脱下的鞋子摆得很整齐。"就这一句赞美之词，会提醒孩子一连多日都记住把脱下的鞋摆放好。

3. 永远不要打击孩子的积极性

当孩子做事的成效不明显时，不要打击孩子的积极性，要对他说："你每天都在进步，别着急，会好起来的！"孩子受此鼓舞，学习一定会更加努力！

4. 你期望孩子怎么做，你就怎么说

比如，你期望孩子学会收拾自己的房间，就要先从他们会做的事做起。让他们把床铺好，把桌椅摆好。这样一步一步地，不久他们就能掌握收拾房间的技巧。同时要告诉他们，大人看见了他们的每一个微小的成绩。"你今天把床铺好了，把桌椅摆好了，你基本上已学会怎样整理房间。"我们就这样鼓励他们继续下去，

不忘赞美，孩子们也会一点点地取得进步。

及时夸奖让孩子越来越好

孩子取得了进步或是做出了不凡的表现，父母什么时候夸奖他最合适呢？

众多父母的心得体会是：当即表扬、夸奖孩子效果是最佳的。

是的，当孩子确实值得夸奖时，父母不要吝惜，要及时作出反应，马上就给予孩子积极的评价。要知道，夸奖是有时效性的，如果错过了夸奖的最佳时机，夸奖的效果就会大打折扣，孩子的表现就不会达到父母所期待的目标。

某校长曾经做过这样一个实验：期末考试之后，他分别在不同时间内对两个班级考试成绩差不多的两组孩子做出评价。

对第一组孩子，校长在考试成绩出来的当天就表扬了他们："成绩真不错，你们都是聪明的孩子，继续努力吧。"

对第二组孩子，校长一直等到下一个学期开始之后，才对他们说："你们上学期考试成绩不错！"

一个学期以后，第一组孩子因为受到了校长及时的赞扬和鼓励，学习成绩有了明显的提高。他们一致认为校长的赞扬让自己对学习充满了信心，学习劲头也更足了；而第二组孩子的学习成绩却没有明显进步。虽然校长赞扬了他们，但时间已经相隔太久，他们根本没有察觉到这种表扬，所以他们的学习积极性也没有太大的变化。

这个实验证明，孩子是需要父母正确把握赞扬的时机及时夸奖的。因此，当孩子达到了某个既定目标时，父母一定要把握机会，及时由衷地赞扬孩子；同时表现出你的喜悦心情，让孩子感受到是他的良好行为表现使父母感到高兴。这是简单而又能产生显著效果的一招，只要坚持去做，必有喜人的收获。

孩子做了好事或有了进步，最好当时就给予夸奖和鼓励，这样孩子的荣誉感和成就感就会及时得到最大的满足，从而把后面的事情做得更好。如果孩子取得了成就，父母无动于衷或反应迟缓，必然会给他的内心造成不良的影响。

请看下面两个事例：

事例一：

"妈妈，我跳高得了第一名。"文发一进门就兴高采烈地对妈妈说。

"你身体又不是特别好，运动起来那么上劲干吗？"正在厨房里忙碌的妈妈顺口问道。

"今天我们班上体育课，老师组织同学们进行跳高比赛。我是跳得最高的，老师还夸我很有运动天赋呢！"文发跑到厨房门口得意地说着。

"哦，知道了。今天有作业吗？快去做作业吧！我这里忙得乱七八糟的，你就不要捣乱了！"妈妈好像没有听到文发说的话，表现出一副无动于衷的样子。

听到妈妈这么说，文发刚进门的高兴劲一下子就没了，闷闷不乐地躲进了自己的房间。

过了不多大一会儿，妈妈做好了饭，她来到文发的房间。

"你是说你跳高得了第一名？"妈妈关切地问。

"呵，那没什么，不值一提。"文发垂头丧气地说，"妈妈，你先出去吧，我还有很多作业还没有完成呢。"

事例二：

"爸爸，我今天抛铅球得了第一名。"达源进门就兴高采烈地对爸爸说。

"呵，真了不起，真没想到你这么棒。"爸爸放下手中的活，表现出一副很惊喜的样子。

这时，达源更开心了，他甚至高兴得手舞足蹈起来。

爸爸接着鼓励道："你在学习上也要努力，如果也能得第一，那就更厉害了！"

达源热情高涨地保证："爸爸，我听你的，我一定会努力的，我要让你知道，我会做得更棒的。"

瞧，这是两个截然不同的家长，文发的妈妈面对孩子的成绩时，没有及时表现出兴趣，打击了文发的进取心，而达源的爸爸尽管也很忙，却仍然及时地给予了孩子必要的夸奖，使他的进取心一下子高涨了起来。事实证明，只有及时赏识和赞扬孩子，才能充分调动孩子的积极性，让他们往更高的目标冲刺。如果是事后很长时间再给予赞扬，那么随着时间的流逝，孩子已经不再有什么期待了，而这时夸与不夸其实已没有多大区别。

每个孩子都希望获得父母的认同。他们通过自己的努力，在学习或者比赛中取得好成绩，这是多么值得父母赏识的事情。这时候，父母应该为孩子感到高兴，应该及时给予热情的赏识和赞扬。让他们感觉到父母为自己的出色表现而感到骄傲。

有时候，孩子需要的不仅仅是父母一句赞扬的话，他们也需要得到父母的重视和关心。如果父母没有对孩子的成绩表示出及时的关注，会让孩子感到失望，而这种失望很可能会使他们失去继续努力的动力。

总之，及时赞赏孩子的优点，表现出对孩子真心的赏识和热切的期望，能让孩子感受到一种强大的精神力量，能让孩子更加努力和自信，从而促进其智能发展和身心健康，大大增强孩子对学习和生活的信心和勇气。

间接赞美让孩子更加自信

父母赏识孩子的方式多种多样，可以当着孩子的面直接赞美，也可以通过第三方间接赞美。间接赏识分两种情况，其一，父母不直接当面称赞孩子，而是通过与第三者交谈的方式让孩子在"无意"中发现父母的溢美之词；其二，父母充当桥梁，让孩子知道别人是如何为他鼓掌的。

真诚坦白地直接赞美孩子，固然能取得效果，但如果用词不当，就可能使赞美之词沦为孩子伤心的缘由，给孩子留下"虚伪"的印象。比起直接赞美，采取间接的赞美方式往往更保险。但要做到从容自如，得心应手地、间接地赞美孩子，就要巧设场景。

一天，赵静的爸爸请几位朋友来家里吃饭。

由于还有作业没有完成，赵静匆匆吃完饭后就回房间了。

几杯酒下肚，爸爸和朋友开始谈论起各自教育孩子的心得来。

这时，赵静的爸爸非常兴奋地说道："我还就觉得我们家小静很好，我这女儿既聪明又听话，还特别关心别人。就说前几天吧，我干活累了，她还帮我捶肩揉背呢，女儿的小手捶在我的肩膀上，别提有多舒服了！"

说这话的时候，赵静爸爸的几个朋友都用羡慕的眼神看着他，其中有一个朋友说："小静真是个好孩子，我们真羡慕你！"

"其实你们的孩子也都很好，只是你们光挑他们的毛病，却忽略了孩子的优点。"赵静的爸爸对朋友们说。

赵静在自己的房间里听到了爸爸和朋友们的谈话，心里高兴极了，她决心以后更加努力学习，不辜负爸爸对自己的赞赏！

赵静的爸爸知道孩子就在房间，通过与朋友交谈赞美孩子，孩子一定能听到。要赞美一个人，当面赞美固然能起到作用，但往往背后赞美的效果更明显，被赞美者往往容易接受并激起做得更好的愿望。

当然，父母对孩子的赏识更多的是一种主观的评价，往往无法从实际生活中得到对证，而别人对孩子的赏识却大多来自实际的交往，他们没有故意夸奖孩子的义务，因此他们的话要客观得多，孩子也就更在乎别人对自己的评价了。

事例一：

陈烨的小姨是位事业有成的职业女性，陈烨很崇拜小姨。

有一次，从小姨家做客回来，妈妈无意间提了一句："今天你小姨夸你有礼貌了。"

"真的吗？"陈烨表现出很兴奋的神情。

"真的呀，她亲口对我说的。"妈妈说。

从此之后，陈烨遇到熟人打招呼、常问候老人、还常帮助他人……变得越来越懂礼貌了。妈妈发现这一神奇的效果之后，每次从小姨家做客回来之后，都会神秘地告诉陈烨："你知道吗，你小姨偷偷地对我说，陈烨抢着做家务，是个懂事的大孩子了。""小姨夸你学习努力，说你将来肯定能干出一番事业。"

……

从此，陈烨每去小姨家做一次客，回来都会有很大的改变。

事例二：

一次家长会后，几位老师都在对一个学生的家长述说他的孩子不好好学习，不遵守纪律等种种过错。家长很生气，站在一旁的学生也很害怕。最后，有位年轻的老师却对那个愤怒至极的家长说："这孩子淘气是淘气，可人很聪明，若能好好学习，将来一定会有出息。"听了这话，家长的情绪有所缓和，那个学生也松了一口气。从此，这个原来很调皮的学生一下子像换了一个人似的，遵守纪律，努力学习，不但顺利地考上了重点中学，还以较高的分数考上了名牌大学。

后来，那位家长在路上遇到这位老师时，很感激地对他说："真没想到，您的一句话，使我儿子从此像变了一个人，还真出息了。"而那个学生在上大学后，给他的这位老师写信说："是您的一句赞美，改变了我一生的命运，使我及时改掉了懒惰、散漫的劣习；是您的一句赞美，使我认识到了自己的价值并对前途充满了信心。"

每个人，希望获得别人的赞赏，孩子也一样，他们不仅仅希望获得父母和家人的赞赏，更希望得到老师、邻居、小伙伴等其他的夸奖。当孩子如愿获知别人对自己的评价特别是积极的评价后，往往会产生更大的动力。哪怕当时他们并没有像所夸的那样优秀，但他们也会朝着那个目标去努力。

是的，如果父母经常当着孩子的面赞扬孩子，孩子听多了就会习以为常，这时，可以换另一种方式——通过与别人交谈让孩子知道父母在间接地赏识他，这反而会取得意想不到的效果。另外，父母听到别人对自己孩子的赏识是一件幸福的事情，但是不要忘记及时把别人的赏识传达给孩子，让孩子认识到别人对他的评价，感觉到别人对他的赞赏，从而激励他不断努力和进步。

总之，在赏识教育中，父母不仅可以通过第三方表达自己对孩子的赞赏，同时，也可以借他人之口来表扬孩子，而这些，就正是我们所说的间接赏识。有时，间接赏识会比直接赏识的效果更显著。